Ta
Quiches et Tourtes Maison

TARTE AUX POIREAUX, QUICHE LORRAINE, TOURTE PAYSANNE, TARTE FLAMBÉE, TARTE AUX FRAISES…

JE SÈME À TOUT VENT

LAROUSSE
ÉDITEUR DE QUALITÉ DEPUIS 1852

Sommaire

Les préparations de base

Tartes, quiches et tourtes salées

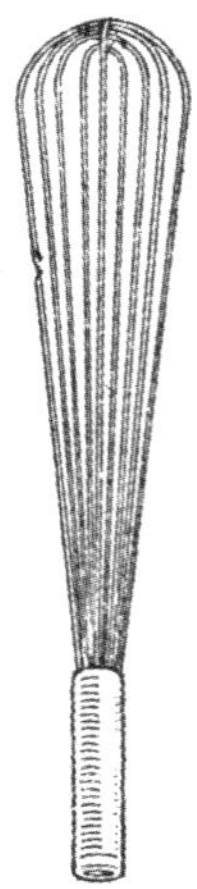

Tartes, tatins et tourtes sucrées

{ Pâte brisée

Préparation : 10 min **Repos :** 30 min **Cuisson à blanc :** 10 à 15 min

INGRÉDIENTS

100 g de beurre mou
150 g de farine tamisée
7 cl d'eau froide (ou 5 cuill. à soupe)
1 pincée de sel fin

POUR UN DESSERT

2 cuill. à soupe de sucre en poudre

À SAVOIR

La pâte brisée est la plus simple de toutes. Comme pour les autres pâtes, une pincée de sel en fait ressortir la saveur. On ajoute du sucre lorsqu'elle est destinée à recevoir une garniture sucrée. L'apport de divers ingrédients (yaourt, par exemple) conduit à des variantes.

POUR 250 G DE PÂTE

Coupez le beurre en très petits morceaux. Dans un saladier, versez la farine et creusez un puits au centre. Ajoutez le sel, puis les morceaux de beurre.

Assemblez rapidement les ingrédients en effritant le mélange du bout des doigts. Versez juste assez d'eau (1 cuill. à soupe à la fois) pour amalgamer l'ensemble, puis travaillez rapidement la pâte jusqu'à ce qu'elle soit bien souple. Elle ne doit être ni trop molle ni collante.

Farinez très légèrement le plan de travail, posez la pâte dessus, puis étalez-la en l'écrasant et en la repoussant avec la paume de la main mais sans trop la pétrir.

Rassemblez la pâte, formez une boule et aplatissez-la entre vos mains. Enveloppez-la d'un film alimentaire et laissez-la reposer au réfrigérateur pendant 30 min.

Farinez très légèrement le plan de travail et étalez la pâte à l'aide d'un rouleau à pâtisserie à l'épaisseur et au diamètre voulus avant de la recouvrir de la garniture de votre choix.

{ Pâte sablée

Préparation : 10 min **Repos :** 30 min **Cuisson à blanc** : 10 à 15 min

POUR 250 G DE PÂTE

Coupez le beurre en très petits morceaux. Dans un saladier, cassez l'œuf, battez-le à la fourchette, puis ajoutez le sucre glace, les amandes en poudre et le sel. Travaillez vivement le mélange avec une spatule en bois, jusqu'à ce qu'il blanchisse et devienne mousseux.

Versez la farine d'un seul coup et mélangez rapidement avec la spatule.

Prenez la pâte par petites quantités dans les mains et écrasez-la entre les doigts. Elle ne doit pas faire corps mais s'effriter en petits grains comme du sable.

Farinez très légèrement le plan de travail et versez-y le contenu du saladier. Répartissez le beurre sur la pâte, puis pétrissez le tout à la main pour incorporer le beurre à la pâte. Formez une boule et aplatissez-la bien entre vos mains. Enveloppez-la d'un film alimentaire et laissez-la reposer 30 min. Farinez à nouveau le plan de travail et étalez la pâte à l'aide d'un rouleau à pâtisserie à l'épaisseur et au diamètre voulus avant de la recouvrir de la garniture de votre choix.

INGRÉDIENTS

- 60 g de beurre mou
- 1 œuf
- 40 g de sucre glace
- 2 cuill. à soupe d'amandes en poudre
- 1 pincée de sel fin
- 110 g de farine tamisée

CONSEIL

Pour faire cuire à blanc les pâtes sablées, il est inutile de les recouvrir de légumes secs.

ASTUCE

Les pâtes sablées ne doivent pas être élastiques. Pour qu'elles soient bien friables, vous pouvez ajouter 1 cuill. à café de vinaigre dans le premier mélange, après les amandes.

{ Pâte feuilletée

Préparation : 30 min **Repos :** 9 h **Cuisson à blanc :** 10 à 15 min

INGRÉDIENTS

10 cl d'eau froide environ
1 pincée de sel fin
200 g de beurre mou
250 g de farine tamisée

CONSEIL

Pour la confection d'une pâte feuilletée, veillez à la consistance du beurre. Trop mou, il risque de déborder sous le poids du rouleau à pâtisserie. Trop dur, il passe au travers de la pâte, ce qui compromet le développement du feuilletage au cours de la cuisson.

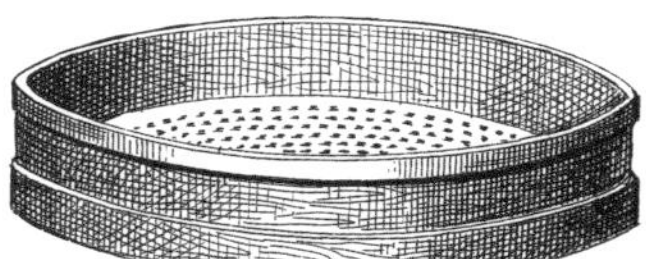

POUR 500 G DE PÂTES

Dans un verre, versez l'eau, ajoutez le sel et laissez-le se dissoudre.

Dans une petite casserole, faites fondre 30 g de beurre (en 20 à 30 s au four à micro-ondes). Dans un saladier, mettez la farine et creusez un puits au centre. Versez d'abord l'eau, puis le beurre. Délayez progressivement avec une spatule en bois, puis à la main. Travaillez cette pâte rapidement. C'est ce qu'on appelle la détrempe. Rassemblez cette détrempe en boule, aplatissez-la entre vos mains, enveloppez-la dans un film alimentaire et laissez-la reposer pendant 2 h au réfrigérateur.

Placez le reste du beurre entre deux feuilles de film alimentaire. Étalez-le au rouleau à pâtisserie de façon à obtenir un carré de 1 cm d'épaisseur. Farinez légèrement le plan de travail et étalez la détrempe au rouleau à pâtisserie sur une épaisseur de 2 cm environ, en veillant à laisser au centre plus d'épaisseur que sur les bords.

Étalez la détrempe pour former un grand carré aux angles bien droits. Posez le carré de beurre en travers au centre du carré de détrempe.

Repliez chaque coin de la détrempe sur le beurre, comme une enveloppe, de façon à obtenir un « pâton » de forme carrée. Étalez ce pâton en un rectangle trois fois plus long que large. Repliez la pâte en trois, pour former un carré : vous avez donné le premier « tour ». Laissez reposer la pâte pendant 2 h au réfrigérateur.

Faites ensuite pivoter la pâte d'un quart de tour et étalez-la en un rectangle de même taille que le précédent. Repliez à nouveau en trois : vous avez donné le deuxième tour. Laissez de nouveau reposer la pâte pendant au moins 1 h au réfrigérateur. Procédez ensuite de la même façon, en faisant deux tours à la suite mais en laissant à chaque fois la pâte reposer 2 h au réfrigérateur, jusqu'à avoir fait six tours. À chaque «tourage», faites, d'une pression du doigt, des marques sur le dessus de la pâte pour repérer le nombre de tours effectués.

Farinez à nouveau le plan de travail et étalez la pâte à l'aide d'un rouleau à pâtisserie à l'épaisseur et au diamètre voulus.

ASTUCE

L'ajout de beurre fondu au moment de la confection de la détrempe permet d'obtenir une pâte souple et non élastique, ce qui facilite les tourages.

NOTE

Vous pouvez congeler toutes les pâtes faites « maison » : crues (en boule ou dans leur moule), ou précuites « à blanc ». Attention, une pâte doit toujours décongeler au réfrigérateur avant d'être étalée au rouleau à pâtisserie, il faut donc penser à la sortir du congélateur la veille de son utilisation. Pour les pâtes surgelées du commerce, préétalées ou non, suivez les recommandations mentionnées sur l'emballage.

Tartelettes aux deux tomates

Préparation : 30 min **Cuisson :** 1 h environ

INGRÉDIENTS

- 250 g de pâte feuilletée préétalée
- 600 g de tomates fraîches bien mûres
- 2 branches de thym
- 1 cuill. à café de sucre en poudre
- 3 cuill. à soupe d'huile d'olive
- 4 cuill. à soupe de confit d'oignon
- 8 tomates confites
- sel et poivre

VARIANTE

Remplacez le confit d'oignon par la même quantité de tapenade toute prête ou maison.

POUR 4 PERSONNES

Préchauffez le four à 120 °C (th. 4).

Rincez les tomates, puis coupez-les en rondelles. Disposez celles-ci sur une plaque recouverte de papier sulfurisé, parsemez de thym effeuillé et saupoudrez de sucre. Arrosez d'un filet d'huile et enfournez pour 50 min.

À l'aide d'un emporte-pièce ou d'un verre, découpez dans la pâte quatre disques de taille égale pour former quatre tartelettes. Placez-les sur une autre plaque recouverte de papier sulfurisé.

Badigeonnez chaque rond de pâte avec du confit d'oignon. Disposez les rondelles de tomate cuites sur le confit en les superposant légèrement entre elles. Salez et poivrez.

Augmentez la température du four à 180 °C (th. 6). Enfournez la plaque avec les tartelettes pour 15 min.

Sortez les tartelettes du four, décorez-les avec les tomates confites, puis enfournez à nouveau quelques minutes en veillant à ne pas les laisser brûler. Servez chaud.

Quiche aux carottes nouvelles et au cumin

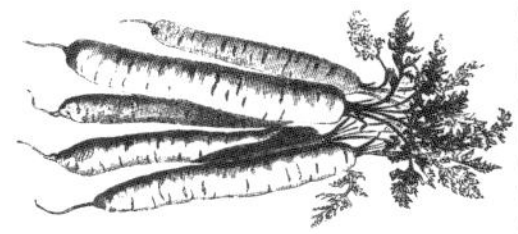

Préparation : 20 min **Cuisson :** 1 h environ

INGRÉDIENTS

- 250 g de pâte brisée préétalée ou maison
- 1 kg de carottes nouvelles
- 30 g de beurre
- 3 œufs
- 40 cl de lait
- 1 pincée de cumin en poudre
- 100 g d'emmental râpé
- 6 brins de coriandre fraîche
- sel et poivre

POUR 4 À 6 PERSONNES

Préchauffez le four à 180 °C (th. 6).

Garnissez de pâte un moule à tarte de 28 cm de diamètre, préalablement recouvert de papier sulfurisé. Faites cuire à blanc : piquez la pâte avec une fourchette, recouvrez de papier sulfurisé et de haricots secs, puis enfournez pour 10 min. Retirez les légumes et le papier et refaites cuire la pâte pour 3 à 5 min de plus.

Épluchez les carottes et coupez-les en rondelles. Mettez-les dans une casserole avec le beurre, recouvrez-les d'eau et salez. Couvrez et faites cuire à feu moyen pendant 10 à 15 min.

Dans un saladier, mélangez les œufs, le lait, le cumin, l'emmental râpé et la coriandre ciselée. Salez et poivrez.

Égouttez les carottes. Étalez-les sur le fond de pâte précuit, puis versez dessus la préparation au cumin. Enfournez pour 40 min environ. Servez bien chaud.

{ Tatin de ratatouille

Préparation : 30 min **Cuisson :** 1 h environ

INGRÉDIENTS

250 g de pâte feuilletée préétalée
1 cuill. à soupe de cassonade
1 cuill. à soupe d'huile

POUR LA RATATOUILLE
3 courgettes longues
1 aubergine
1 poivron vert
2 gousses d'ail
2 oignons
3 tomates
4 cuill. à soupe d'huile d'olive
1 branche de thym
sel et poivre

ASTUCE

Vous pouvez préparer cette tarte pour utiliser un reste de ratatouille (pour une tarte de cette taille, comptez 600 g environ).

POUR 4 À 6 PERSONNES

Préparez la ratatouille. Lavez les légumes et essuyez-les. Coupez les courgettes et l'aubergine en cubes. Coupez le poivron en quatre, épépinez-le, puis coupez-le en lanières. Pelez l'ail et les oignons et hachez-les. Plongez les tomates 30 secondes dans de l'eau bouillante. Pelez-les, épépinez-les, concassez-les grossièrement.

Faites chauffer l'huile à feu moyen dans une sauteuse et faites-y revenir les légumes et les aromates. Salez et laissez cuire 25 min. Égouttez.

Préchauffez le four à 200 °C (th. 6-7). Remettez les légumes dans la sauteuse avec la cassonade et laissez caraméliser 10 min encore sur feu doux. Rectifiez l'assaisonnement. Égouttez à nouveau si nécessaire, puis versez la ratatouille dans un moule à manqué de 26 cm de diamètre, préalablement huilé.

Recouvrez le tout avec le disque de pâte feuilletée en rabattant bien les bords à l'intérieur du moule. Formez une petite cheminée au centre, huilez la surface de la pâte et enfournez pour 25 min environ.

À la sortie du four, posez un plat de service sur le moule et retournez le tout. Retirez délicatement le moule. Servez chaud.

{ Quiche au potiron et à la menthe

Préparation : 20 min **Cuisson :** 45 à 55 min

POUR 4 À 6 PERSONNES

Épluchez l'oignon et émincez-le. Rincez la menthe et ciselez-la. Pelez le potiron et coupez la chair en petits dés.

Faites chauffer l'huile à feu doux dans une sauteuse et faites-y fondre l'oignon. Ajoutez les dés de potiron, salez, poivrez et mouillez si besoin avec un peu d'eau. Laissez mijoter doucement pendant 20 à 25 min, jusqu'à ce que le potiron soit bien tendre.

Versez le contenu de la sauteuse dans un plat creux et écrasez grossièrement le potiron à la fourchette. Incorporez-y les œufs légèrement battus, puis le fromage blanc. Ajoutez le cumin et la moitié de la menthe ciselée. Mélangez.

Préchauffez le four à 180 °C (th. 6).

Garnissez de pâte un moule à tarte préalablement beurré de 24 cm de diamètre. Piquez la pâte avec une fourchette. Versez dessus la préparation au potiron et enfournez pour 25 à 30 min.

Juste avant de servir, parsemez la quiche du reste de menthe. Servez chaud ou tiède.

INGRÉDIENTS

- 200 g de pâte brisée
- 1 oignon
- 20 feuilles de menthe fraîche
- 600 g net de potiron (soit 1 tranche de 750 g environ)
- 2 cuill. à soupe d'huile d'olive
- 2 œufs
- 100 g de fromage blanc
- 1 cuill. à café de cumin en poudre
- sel et poivre

Tarte fine aux échalotes confites

Préparation : 35 min **Repos :** 1 h **Cuisson :** 1 h 10 environ

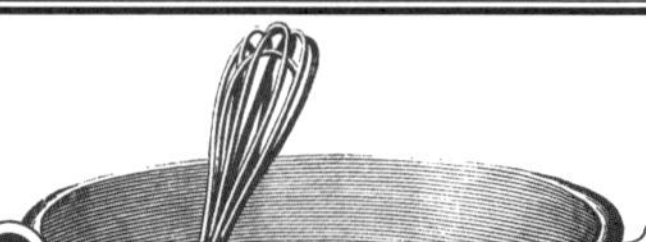

INGRÉDIENTS

- 500 g d'échalotes roses et bien fermes
- 40 g de beurre
- 1 cuill. à soupe d'huile d'olive
- 2 cuill. à soupe de miel toutes fleurs
- 1 cuill. à café de sucre en poudre
- 4 cuill. à soupe de vinaigre de vin
- 1 cuill. à soupe de vinaigre balsamique
- sel et poivre

POUR LA PÂTE

- 200 g de farine
- 90 g de beurre mou
- 5 cl d'eau

POUR 4 PERSONNES

Préparez la pâte. Tamisez la farine et 1 pincée de sel dans un saladier, creusez un puits au centre et mettez-y le beurre en petits morceaux. Pétrissez en ajoutant l'eau au fur et à mesure jusqu'à obtenir une pâte homogène. Formez une boule, enveloppez-la de film alimentaire et placez-la au moins 1 h au réfrigérateur.

Pétrissez la pâte à nouveau quelques instants pour l'assouplir, puis étalez-la et garnissez-en un moule à tarte de 30 cm de diamètre. Piquez la pâte avec une fourchette et mettez le moule au réfrigérateur.

Pelez les échalotes sans les couper. Faites chauffer le beurre et l'huile dans une grande poêle et faites-y revenir les échalotes pendant quelques minutes à feu moyen en remuant régulièrement, jusqu'à ce qu'elles soient dorées. Salez, poivrez, ajoutez le miel et le sucre, puis mouillez avec les deux vinaigres. Laissez confire à feu doux pendant 30 à 40 min selon la taille des échalotes.

Préchauffez le four à 210 °C (th. 7). Répartissez les échalotes sur le fond de tarte. Enfournez pour 30 min environ. Servez la tarte tiède, accompagnée d'une belle salade feuille de chêne par exemple.

{ Tatin aux navets caramélisés

Préparation : 30 min **Cuisson :** 1 h environ

INGRÉDIENTS

- 200 g de pâte feuilletée préétalée (ou brisée)
- 800 g de petits navets nouveaux
- 2 échalotes
- 2 clémentines non traitées
- 50 g de beurre
- 4 cuill. à soupe de miel de lavande
- 1 cuill. à soupe de sucre en poudre
- sel et poivre

POUR 4 À 6 PERSONNES

Épluchez les navets, lavez-les, puis faites-les blanchir 5 min dans une grande quantité d'eau bouillante salée. Égouttez-les et coupez-les en deux.

Pelez et émincez les échalotes. Prélevez le zeste d'une clémentine et hachez-le. Pressez les 2 clémentines.

Faites chauffer le beurre dans une sauteuse et mettez-y les échalotes émincées et les moitiés de navet. Salez, poivrez et laissez cuire pendant 5 min à feu moyen en remuant souvent.

Ajoutez le miel, le zeste et le jus de clémentine, puis laissez confire tout doucement et à couvert pendant 25 à 30 min.

Préchauffez le four à 180 °C (th. 6). Beurrez un moule à manqué de 23 cm de diamètre, saupoudrez-le de sucre, puis disposez les navets dessus. Recouvrez le tout avec la pâte feuilletée en rabattant bien les bords à l'intérieur du moule. Enfournez pour 25 min environ, jusqu'à ce que la pâte soit bien dorée.

À la sortie du four, posez un plat de service sur le moule et retournez le tout. Retirez délicatement le moule. Servez chaud.

{ Quiche aux herbes fraîches

Préparation : 20 min **Cuisson :** 55 min environ

INGRÉDIENTS

- 250 g de pâte feuilletée préétalée
- 150 g de feuilles de blette
- 1 gros bouquet de persil plat
- 1 petit bouquet de menthe
- 1 gros bouquet de basilic
- 1 botte de ciboulette
- 2 cuill. à soupe de thym frais
- 1 cuill. à soupe de romarin frais
- 1 cuill. à café d'origan séché
- 3 oignons
- 3 cuill. à soupe d'huile d'olive
- 4 œufs
- 25 cl de crème liquide
- 15 cl de lait
- sel et poivre

VARIANTE

Ajoutez dans le mélange aux herbes 100 g de fromage de chèvre (frais ou affiné selon votre goût) coupé en morceaux.

POUR 4 PERSONNES

Lavez les feuilles de blette puis retirez-en les côtes. Rincez le persil, la menthe, le basilic et la ciboulette. Hachez le tout grossièrement au couteau. Hachez plus finement le thym et le romarin. Mélangez toutes les herbes avec l'origan.

Réchauffez le four à 180 °C (th. 6). Garnissez de pâte un moule à manqué de 26 cm de diamètre recouvert de papier sulfurisé. Faites cuire à blanc : piquez la pâte avec une fourchette, recouvrez de papier sulfurisé et de haricots secs, puis enfournez 10 min. Retirez les légumes et le papier, badigeonnez d'œuf battu et refaites cuire 5 min.

Pelez les oignons et émincez-les. Faites chauffer l'huile dans une sauteuse, ajoutez les oignons et laissez-les cuire 10 min à feu doux, en remuant de temps en temps. Ajoutez toutes les herbes, mélangez et prolongez la cuisson 5 min, à feu vif, sans cesser de mélanger. Versez la préparation dans une passoire et égouttez-la.

Battez les œufs dans un saladier, puis versez-y la crème et le lait. Remuez bien, puis ajoutez la préparation aux herbes, salez et poivrez. Versez ce mélange sur le fond de pâte précuit et enfournez pour 40 min environ. Servez chaud.

{ Tourte aux cèpes et au vin blanc

Préparation : 20 min **Cuisson :** 1 h 10 environ

INGRÉDIENTS

POUR 6 PERSONNES

Taillez les pieds des cèpes pour retirer les parties dures et terreuses. Essuyez les champignons délicatement et émincez-les finement. Pelez et hachez l'ail.

Chauffez l'huile à feu moyen dans une poêle et faites-y revenir l'ail et les champignons pendant 10 min. Retirez du feu, sortez les champignons à l'aide d'une écumoire et déposez-les dans une assiette.

Ajoutez au jus de cuisson le vin blanc et le bouillon de volaille. Remettez la sauteuse sur le feu, portez à ébullition et laissez chauffer pendant 15 min pour faire réduire la sauce. Baissez le feu, puis incorporez la crème fraîche et remettez les champignons. Comptez encore 5 min de cuisson. Salez et poivrez.

Préchauffez le four à 180 °C (th. 6). Huilez une tourtière de 26 cm de diamètre et garnissez-la avec un premier disque de pâte. Étalez dessus la préparation aux cèpes. Saupoudrez de thym et recouvrez l'ensemble avec l'autre disque de pâte. Soudez bien les bords et formez une petite cheminée au centre. À l'aide d'une fourchette, dessinez des motifs géométriques sur le dessus de la tourte. Badigeonnez d'œuf battu et enfournez pour 40 min environ. Servez chaud.

- 500 g de pâte feuilletée préétalée (2 rouleaux de pâte à dérouler)
- 600 g de cèpes frais
- 1 gousse d'ail
- 3 cuill. à soupe d'huile d'olive
- 10 cl de vin blanc sec
- 10 cl de bouillon de volaille
- 15 cl de crème fraîche
- 1 cuill. à soupe de thym séché
- 1 œuf
- sel et poivre

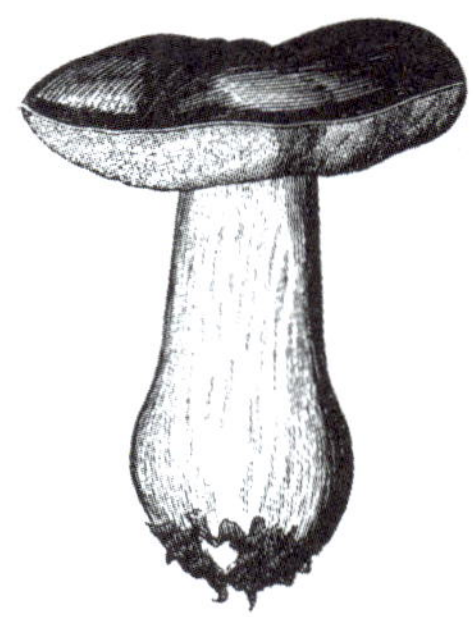

ASTUCE

Vous pouvez utiliser 500 g de cèpes surgelés. Suivez les indications données sur l'emballage pour leur préparation.

Tarte au gorgonzola et aux poires

Préparation : 45 min **Repos :** 2 h **Réfrigération :** 20 min au moins **Cuisson** : 40 min

INGRÉDIENTS

- 250 g de pâte sucrée-salée
- 110 g de sucre
- 8 cl d'eau
- 30 cl de crème liquide bien froide
- 80 g de gorgonzola
- 4 jaunes d'œufs
- 2 grosses poires
- 1 citron
- 30 g de beurre

CONSEIL

Pour la pâte sucrée-salée, mélangez 60 g de beurre demi-sel mou, 40 g de sucre glace, 12 g d'amandes en poudre, 1 pincée de vanille et 1 œuf. Ajoutez 90 g de farine tamisée et mélangez encore. Formez une boule, enveloppez-la de film alimentaire et laissez-la reposer 2 h au frais.

POUR 6 À 8 PERSONNES

Réchauffez le four à 165 °C (th. 5-6). Étalez la pâte sur 2 mm d'épaisseur et garnissez-en un moule beurré de 26 cm de diamètre. Faites cuire à blanc pendant 20 min.

Dans une casserole, portez à ébullition le sucre et l'eau en remuant pour obtenir un sirop. Fouettez la crème, puis gardez-la au frais. Retirez la croûte du gorgonzola et faites-le fondre doucement dans une petite casserole à fond épais.

Fouettez les jaunes d'œufs dans un grand bol. Versez doucement le sirop en continuant de fouetter. Remettez le tout à chauffer au bain-marie sans cesser de battre pendant 10 min. Quand le mélange a doublé de volume, ajoutez le gorgonzola. Remuez, laissez tiédir et ajoutez la crème fouettée. Placez au frais au moins 20 min.

Pelez et émincez les poires finement. Citronnez-les pour éviter qu'elles ne noircissent. Chauffez le beurre dans une poêle, ajoutez les tranches de poire et faites-les dorer 10 min à feu moyen en les retournant une fois. Laissez-les tiédir, puis posez-les sur le fond de pâte et recouvrez de crème au gorgonzola. Servez aussitôt.

{ Tourte à la mozzarella et aux pommes de terre

Préparation : 20 min **Cuisson :** 1 h environ

INGRÉDIENTS

- 500 g de pâte feuilletée préétalée (2 rouleaux de pâte à dérouler)
- 6 pommes de terre moyennes
- 200 g de mozzarella
- 20 g de beurre
- 1 cuill. à café d'origan séché
- 30 g de ricotta
- 1 œuf
- sel et poivre

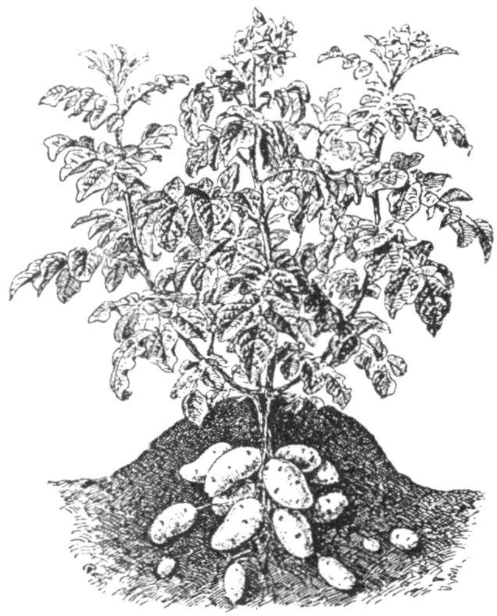

POUR 6 PERSONNES

Épluchez les pommes de terre, lavez-les et essuyez-les dans du papier absorbant. Découpez-les en fines rondelles. Coupez la mozzarella en tranches fines.

Préchauffez le four à 160 °C (th. 5-6). Beurrez largement une tourtière de 26 cm de diamètre et garnissez-la d'un premier rouleau de pâte feuilletée.

Disposez la moitié des rondelles de pomme de terre dans la tourtière, ajoutez les tranches de mozzarella et recouvrez du reste des pommes de terre. Salez, poivrez et saupoudrez d'origan. Parsemez de ricotta émiettée et recouvrez l'ensemble avec l'autre rouleau de pâte feuilletée.

Soudez bien les bords entre eux et formez une petite cheminée au centre. À l'aide d'une fourchette, dessinez des motifs géométriques sur le dessus de la tourte. Battez l'œuf et badigeonnez-en la surface à l'aide d'un pinceau. Enfournez pour 1 h environ. Servez bien chaud avec une salade verte.

Tarte aux poireaux et au fromage

Préparation : 30 min **Cuisson :** 45 min environ

INGRÉDIENTS

230 g de pâte brisée préétalée ou maison
600 g de blancs de poireau
2 cuill. à soupe d'huile d'olive
1 œuf
10 cl de crème liquide
50 g d'emmental râpé
sel et poivre

VARIANTE

Remplacez la moitié des poireaux par des champignons de Paris ou des pieds-de-mouton.

POUR 4 PERSONNES

Lavez les blancs de poireau et coupez-les en tronçons de 3 cm. Détaillez ensuite chaque tronçon en fins bâtonnets.

Faites chauffer l'huile à feu moyen dans une poêle et faites-y revenir les bâtonnets de poireau pendant 15 min environ, en remuant souvent. Salez et poivrez.

Préchauffez le four à 180 °C (th. 6).

Battez l'œuf avec la crème dans un saladier, puis ajoutez l'emmental râpé et mélangez.

Garnissez de pâte brisée un moule de 24 cm de diamètre préalablement recouvert de papier sulfurisé. Piquez la pâte avec une fourchette, répartissez dessus les poireaux et recouvrez avec la préparation à la crème. Enfournez pour 30 à 35 min. Servez chaud ou tiède.

{ Quiche au mascarpone et au parmesan

Préparation : 15 min **Cuisson :** 55 min

INGRÉDIENTS

- 250 g de pâte feuilletée préétalée
- 100 g de tomates cerises
- 1/2 bouquet de basilic
- 100 g de petits pois frais ou surgelés
- 3 œufs
- 250 g de mascarpone
- 100 g de parmesan râpé
- sel et poivre

POUR 6 PERSONNES

Préchauffez le four à 180 °C (th. 6).

Garnissez de pâte un moule à tarte de 26 cm de diamètre, préalablement recouvert de papier sulfurisé. Faites cuire à blanc : piquez la pâte avec une fourchette, recouvrez de papier sulfurisé et de haricots secs, puis enfournez 10 min. Retirez les légumes et le papier, badigeonnez d'œuf battu et refaites cuire 5 min.

Lavez les tomates cerises, égouttez-les et coupez-les en deux. Rincez le basilic et ciselez-le.

Faites cuire pendant 5 min les petits pois dans une casserole d'eau bouillante salée.

Dans un saladier, battez les œufs avec le mascarpone et le parmesan. Salez et poivrez. Ajoutez les petits pois et le basilic.

Versez ce mélange sur le fond de pâte précuit. Disposez-y les demi-tomates cerises et enfournez pour 40 min. Servez chaud.

{ Quiche lorraine

Préparation : 40 min **Repos :** 1 h **Cuisson :** 40 à 45 min

INGRÉDIENTS

POUR LA PÂTE BRISÉE
125 g de beurre mou
250 g de farine
1/4 de cuill. à café de sel
10 cl d'eau environ

POUR LA GARNITURE
200 g de poitrine maigre fumée
8 œufs
50 cl de crème fraîche
sel et poivre

VARIANTE

Remplacez la moitié des œufs par 100 g d'emmental râpé. Fouettez pour rendre le mélange homogène et versez-le sur les lardons.

POUR 4 PERSONNES

Préparez la pâte. Tamisez la farine et le sel, creusez un puits au centre et mettez-y le beurre coupé en morceaux. Mélangez rapidement du bout des doigts pour obtenir une masse granuleuse. Versez juste assez d'eau pour pouvoir mélanger sans que la pâte devienne collante. Pétrissez-la quelques instants en l'écrasant avec la paume de la main, ramassez-la en boule et enveloppez-la de film alimentaire. Laissez reposer 1 h au frais.

Préparez la garniture. Découennez puis coupez la poitrine en lardons et mettez-les dans une casserole d'eau froide. Portez à ébullition à feu moyen, écumez et laissez bouillir 2 ou 3 min. Égouttez puis faites revenir doucement les lardons à la poêle sans les faire rissoler.

Étalez la pâte et garnissez-en un moule à manqué de 28 cm de diamètre, largement beurré. Piquez le fond avec une fourchette.

Réchauffez le four à 220 °C (th. 7-8). Battez les œufs avec la crème, puis ajoutez les lardons. Salez peu, poivrez et mélangez. Versez cette préparation dans le moule. Enfournez pour 20 min. Baissez le four à 180 °C (th. 6) et prolongez la cuisson de 20 à 25 min. Servez chaud.

{ Flammenküche

Préparation : 30 min **Repos :** 1 h **Cuisson :** 10 à 15 min

POUR 2 TARTES

Préparez la pâte. Tamisez la farine avec le sel. Creusez un puits au centre, mettez-y la levure émiettée, l'huile et l'eau, puis mélangez en ramenant peu à peu la farine vers le centre. Pétrissez quelques minutes pour avoir une pâte lisse et souple, qui se décolle des doigts. Laissez reposer 1 h à température ambiante.

Préparez la garniture. Pelez et émincez les oignons. Faites-les fondre doucement à la poêle avec l'huile jusqu'à ce qu'ils deviennent transparents. Découennez puis détaillez le lard fumé en tranches très fines.

Préchauffez le four à 240 °C (th. 8). Divisez la pâte en deux, étalez-la le plus finement possible (elle doit être presque transparente) en deux disques (ou rectangles) et posez chacun sur une plaque recouverte de papier sulfurisé (en l'enroulant autour d'un rouleau à pâtisserie pour la soulever). Humectez le tour, relevez les bords et enroulez-les pour former un bourrelet très plat tout autour. Piquez chaque morceau de pâte avec une fourchette, étalez la moitié de la crème fraîche dessus, puis répartissez les oignons et les tranches de lard sur chaque part. Salez et poivrez. Mettez la plaque au four et faites cuire de 10 à 15 min.

INGRÉDIENTS

POUR LA PÂTE À PAIN
- 400 g de farine
- 1 pincée de sel
- 10 g de levure de boulanger
- 5 cuill. à soupe d'huile d'arachide
- 20 cl d'eau

POUR LA GARNITURE
- 2 oignons moyens
- 2 ou 3 cuill. à soupe d'huile d'olive
- 200 g de lard fumé
- 20 cl de crème fraîche épaisse

{ Tarte au chèvre, aux figues et au jambon cru

Préparation : 25 min **Cuisson :** 40 min environ

INGRÉDIENTS

- 230 g de pâte feuilletée préétalée
- 6 ou 7 figues (fraîches ou surgelées pour un poids de 400 g environ)
- 20 g de beurre
- 1 cuill. à soupe de porto
- 130 g de fromage de chèvre demi-sec
- 2 ou 3 cuill. à café de miel liquide
- 2 fines tranches de jambon cru
- 1 petite poignée de roquette
- sel et poivre

VARIANTE

Préparez de la même façon 4 tartelettes avec des moules de 13 cm de diamètre environ. Prévoyez 1 ou 2 figues par tartelette.

POUR 4 PERSONNES

Préchauffez le four à 180 °C (th. 6).

Garnissez de pâte un moule à tarte de 24 cm de diamètre, préalablement recouvert de papier sulfurisé. Faites cuire à blanc : piquez la pâte avec une fourchette, recouvrez de papier sulfurisé et de haricots secs, puis enfournez 10 min. Retirez les légumes et le papier, badigeonnez d'œuf battu et refaites cuire 5 min.

Coupez les figues en quartiers et faites-les revenir de 3 à 5 min à la poêle avec le beurre et le porto.

Déposez les figues sur le fond de pâte précuit. Ajoutez le fromage de chèvre coupé en lamelles. Salez, poivrez et versez le miel. Enfournez pour 20 à 25 min.

Coupez le jambon cru en fines lanières. Lavez et essorez la roquette.

Sortez la tarte du four, disposez les lanières de jambon cru et la roquette sur le dessus de la tarte. Servez aussitôt.

{ Quiche au bleu d'Auvergne et au jambon fumé

Préparation : 15 min **Cuisson :** 1 h environ

INGRÉDIENTS

- 250 g de pâte brisée préétalée ou maison
- 2 tranches épaisses (1 cm d'épaisseur) de jambon fumé
- 50 g de beurre
- 2 cuill. à soupe de farine
- 30 cl de lait
- 250 g de bleu d'Auvergne
- 2 œufs
- sel et poivre

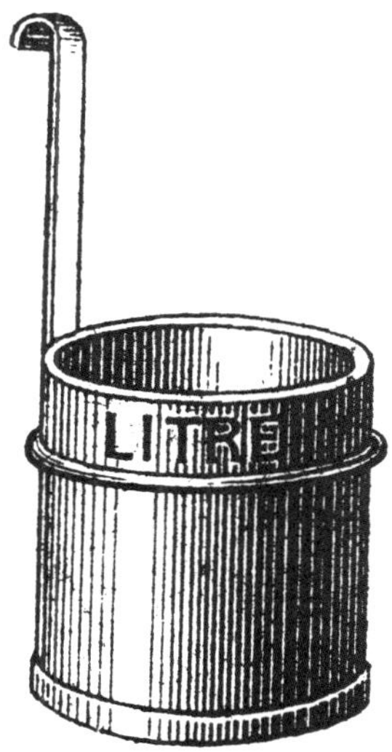

POUR 4 À 6 PERSONNES

Réchauffez le four à 180 °C (th. 6). Garnissez de pâte un moule à manqué de 26 cm de diamètre recouvert de papier sulfurisé. Faites cuire à blanc : piquez la pâte avec une fourchette, recouvrez de papier sulfurisé et de haricots secs, puis enfournez pour 10 min. Retirez les légumes et le papier.

Découpez les tranches de jambon en petits cubes et faites-les revenir à sec et à feu vif dans une poêle à revêtement antiadhésif pendant 3 à 5 min.

Préparez une béchamel. Dans une casserole, faites fondre le beurre. Saupoudrez-le de farine et mélangez bien jusqu'à obtenir un début de coloration. Versez le lait petit à petit sans cesser de mélanger et prolongez la cuisson pendant 10 min environ, jusqu'à épaississement. Si des grumeaux subsistent, mixez la sauce.

Émiettez le fromage et faites-le fondre à feu doux dans la béchamel pendant 10 min. Retirez la casserole du feu et laissez refroidir.

Battez les œufs dans un saladier puis incorporez-les à la préparation au bleu. Salez et poivrez. Disposez les dés de jambon sur le fond de pâte précuit et recouvrez du mélange au fromage. Enfournez pour 40 min environ. Servez chaud.

{ Tarte au bœuf et au cumin

Préparation : 20 min **Cuisson :** 50 min environ

INGRÉDIENTS

- 230 g de pâte brisée préétalée ou maison
- 3 tomates
- 2 oignons
- 2 cuill. à soupe d'huile d'olive
- 400 g de bœuf haché
- 2 œufs entiers + 1 jaune
- 1 pincée de cumin en poudre
- 50 g d'emmental râpé
- sel et poivre

CONSEIL

En hiver et/ou pour gagner du temps, vous pouvez utiliser des tomates concassées en conserve.

POUR 4 À 6 PERSONNES

Plongez les tomates 30 secondes dans une casserole d'eau bouillante. Pelez-les, épépinez-les et coupez-les en petits dés.

Pelez les oignons et émincez-les.

Faites chauffer l'huile dans une sauteuse et faites-y revenir les oignons. Ajoutez les dés de tomate, salez, poivrez et laissez mijoter pendant 20 min, sans couvrir et en remuant de temps en temps. Ajoutez le bœuf haché, puis les œufs entiers et le jaune battus, ainsi que le cumin. Salez, poivrez et mélangez bien.

Préchauffez le four à 180 °C (th. 6).

Garnissez de pâte brisée un moule beurré de 26 cm de diamètre. Piquez le fond avec une fourchette, puis étalez dessus la préparation au bœuf. Parsemez d'emmental et enfournez pour 25 à 30 min. Servez chaud.

{ Tourte paysanne à la viande

Préparation : 25 min **Marinade :** 1 nuit
Cuisson : 50 min

POUR 6 PERSONNES

La veille, mettez le porc, l'oignon émincé, le bouquet garni et les clous de girofle dans un saladier. Salez, poivrez, arrosez de vin, couvrez de film alimentaire et faites mariner 1 nuit au frais.

Le jour même, partagez la pâte en deux et étalez deux disques de 30 cm de diamètre. Garnissez une tourtière beurrée d'un des disques. Piquez le fond. Mettez la tourtière et le reste de pâte au frais.

Filtrez la marinade et retirez les clous de girofle et le bouquet garni. Dans une sauteuse, faites revenir la viande avec de l'huile 10 min à feu moyen, en remuant souvent. Égouttez et laissez refroidir. Préchauffez le four à 200 °C (th. 6-7). Versez la viande dans la tourtière, recouvrez avec l'autre disque de pâte. Soudez les bords et formez une cheminée au centre. Au couteau, dessinez des motifs géométriques sur le dessus de la tourte et badigeonnez la surface de 1 œuf battu. Enfournez pour 30 min environ.

Dans un saladier, mélangez la crème et 2 œufs. Salez, poivrez et ajoutez la ciboulette ciselée. Sortez la tourte du four. À l'aide d'un couteau, découpez la partie supérieure pour « décalotter » la tourte. Versez le mélange œufs-crème et refermez. Enfournez pour 10 min. Servez bien chaud.

INGRÉDIENTS

- 500 g de pâte feuilletée prête à étaler
- 500 g de sauté de porc (dans le filet par exemple), coupé en petits morceaux
- 1 oignon
- 1 bouquet garni
- 2 clous de girofle
- 30 cl de vin blanc sec (de type muscadet)
- 25 g de beurre (pour la tourtière)
- 1 cuill. à soupe d'huile d'olive
- 3 œufs
- 20 cl de crème liquide
- 6 brins de ciboulette
- sel et poivre

{ Tourte parmentière

Préparation : 20 min **Cuisson :** 1 h environ

INGRÉDIENTS

500 g de pâte feuilletée préétalée (2 rouleaux de pâte à dérouler)
6 pommes de terre moyennes
1 noix de beurre
1 cuill. à café d'origan séché
25 cl de crème fraîche épaisse
1 œuf
sel et poivre

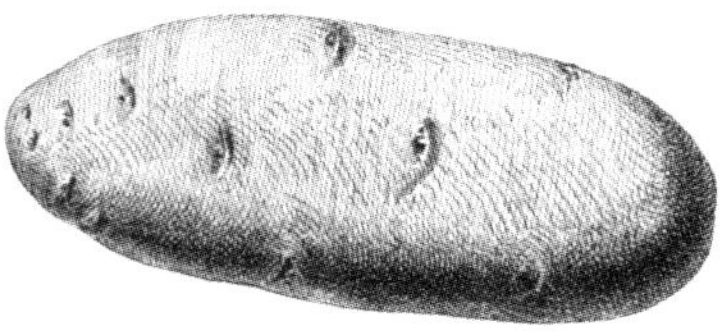

VARIANTE

Ajoutez 100 g de fourme d'Ambert émiettée sur la crème fraîche.

POUR 6 PERSONNES

Épluchez les pommes de terre, lavez-les et découpez-les en fines rondelles.

Préchauffez le four à 160 °C (th. 5-6).

Beurrez généreusement une tourtière de 26 cm de diamètre environ et garnissez-la d'un premier rouleau de pâte.

Disposez les rondelles de pomme de terre dans la tourtière, en couches successives. Salez, poivrez et saupoudrez d'origan. Répartissez la crème fraîche par-dessus et recouvrez l'ensemble avec l'autre rouleau de pâte. Soudez bien les bords et formez une petite cheminée au centre.

À l'aide d'une fourchette, dessinez des motifs géométriques sur le dessus de la tourte. Battez le jaune d'œuf et badigeonnez-en la surface à l'aide d'un pinceau. Enfournez pour 1 h environ. Servez chaud accompagné d'une salade verte.

{ Tarte forestière

Préparation : 25 min **Cuisson :** 1 h 10 environ

POUR 6 PERSONNES

Préchauffez le four à 180 °C (th. 6).

Garnissez de pâte un moule à tarte de 26 cm de diamètre, préalablement recouvert de papier sulfurisé. Faites cuire à blanc : piquez la pâte avec une fourchette, recouvrez de papier sulfurisé et de haricots secs, puis enfournez 10 min. Retirez les légumes et le papier et refaites cuire 3 à 5 min.

Égouttez les champignons, ou faites-les décongeler, puis émincez-les. Pelez et hachez les échalotes. Coupez le jambon en dés. Chauffez l'huile dans une poêle et faites-y revenir les champignons et les échalotes pendant 10 min à feu doux. Égouttez.

Préparez une béchamel. Faites fondre le beurre dans une casserole à feu doux. Versez la farine et mélangez bien pendant 1 min, puis ajoutez le lait. Prolongez la cuisson de 5 min environ, jusqu'à ce que la sauce épaississe.

Hors du feu, incorporez la muscade, le fromage et les œufs. Mixez longuement avant de rectifier l'assaisonnement. Ajoutez les échalotes, les champignons et les dés de jambon dans la béchamel et mélangez. Versez sur le fond de pâte précuit et enfournez pour 40 min. Servez chaud.

INGRÉDIENTS

250 g de pâte feuilletée préétalée

200 g de champignons des bois mélangés (en conserve ou surgelés)

4 échalotes

300 g de jambon blanc (en tranches épaisses)

2 cuill. à soupe d'huile d'olive

1 pincée de noix de muscade

100 g de fromage râpé

4 œufs

sel et poivre

POUR LA BÉCHAMEL

30 g de beurre

1 cuill. à soupe de farine

40 cl de lait

Tourte au magret de canard et aux figues sèches

Préparation : 25 min **Cuisson :** 55 min environ

INGRÉDIENTS

500 g de pâte feuilletée préétalée (2 rouleaux de pâte à dérouler)
2 magrets de canard de 300 g chacun environ
3 figues sèches
4 oignons
1 cuill. à soupe de farine
5 cl de banyuls
2 cuill. à soupe de romarin
1 œuf
sel et poivre

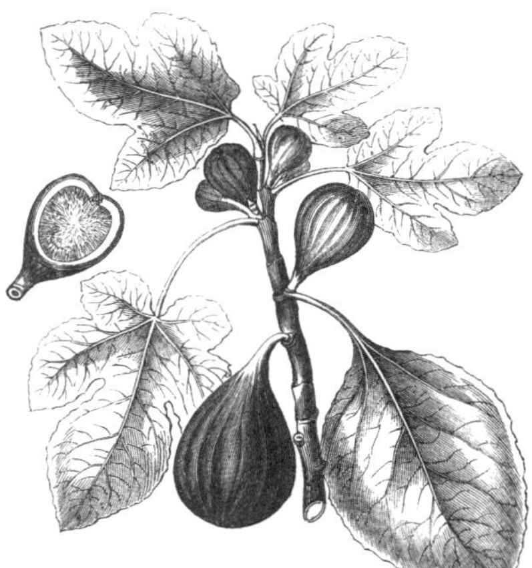

POUR 6 PERSONNES

À l'aide d'un couteau, entaillez légèrement la peau des magrets en « dessinant » des croisillons. Déposez-les dans une poêle bien chaude et faites-les revenir à feu vif, côté peau, pendant 5 min. Baissez le feu au minimum et prolongez la cuisson de 15 min. Videz la graisse obtenue dans un bol et détaillez les magrets en fines lamelles.

Coupez les figues en petits dés. Pelez et émincez les oignons. Dans une sauteuse, faites revenir 5 min les oignons et les figues avec un peu de graisse de canard. Saupoudrez de farine, mélangez et versez le banyuls. Laissez cuire encore 5 min.

Réchauffez le four à 180 °C (th. 6). Garnissez de pâte feuilletée un moule à tarte beurré de 28 cm de diamètre. Piquez le fond avec une fourchette. Versez le mélange figues-oignons, disposez les lamelles de magret, salez, poivrez et saupoudrez de romarin.

Recouvrez l'ensemble avec l'autre morceau de pâte. Soudez bien les bords et formez une petite cheminée au centre. À l'aide d'une fourchette, dessinez des motifs géométriques sur le dessus de la tourte. Battez l'œuf et badigeonnez-en la surface à l'aide d'un pinceau. Enfournez pour 30 min environ. Servez chaud.

{ Fine tourte de volaille à la tapenade

Préparation : 25 min **Cuisson :** 35 min

INGRÉDIENTS

POUR 4 PERSONNES

- 4 feuilles de pâte filo
- 450 g de filets de dinde ou de poulet
- 1 cuill. à soupe de tapenade verte
- 2 blancs de poireau
- 1 belle tomate bien mûre
- 1 cuill. à soupe d'huile d'olive
- 30 g de beurre
- 1 cuill. à soupe de pignons de pin
- sel et poivre

Coupez tous les filets de volaille en lanières et disposez-les dans un plat. Ajoutez la tapenade, mélangez et laissez mariner pendant la préparation des légumes.

Lavez les blancs de poireau, coupez-les en tronçons de 3 cm environ, puis recoupez chaque tronçon en fins bâtonnets. Pelez la tomate et coupez-la en quartiers.

Faites chauffer l'huile et 20 g de beurre dans une sauteuse et faites-y revenir les poireaux pendant 5 min, en remuant de temps en temps. Ajoutez les morceaux de tomate et poursuivez la cuisson de 8 à 10 min à feu moyen. Salez et poivrez, augmentez le feu et ajoutez les pignons et les lanières de volaille. Faites revenir à feu assez vif, jusqu'à ce que celles-ci soient bien colorées.

Préchauffez le four à 170-180 °C (th. 5-6). Badigeonnez les feuilles de pâte filo avec le reste de beurre, puis tapissez avec deux feuilles un moule à tarte de 24 cm de diamètre. Répartissez la garniture dessus, puis recouvrez avec les deux autres feuilles. Rabattez les bords dans le moule, puis enfournez pour 20 min environ, jusqu'à ce que la tourte soit dorée.

CONSEIL

Pour des tourtes en format mini, pliez chaque feuille de pâte filo en deux et disposez-la dans un moule à tartelette de 12 cm de diamètre environ. Répartissez la garniture, puis rabattez la feuille par-dessus.

{ Pissaladière

Préparation : 40 min **Cuisson :** 35 min environ

INGRÉDIENTS

400 g de pâte à pain fraîche (à acheter chez le boulanger) ou maison

2 kg d'oignons

4 gousses d'ail

15 cl d'huile d'olive

1 bouquet garni

100 g d'olives noires de Nice

10 filets d'anchois (ou 4 cuill. à soupe de pissalat)

poivre

POUR 8 À 10 PERSONNES

Pelez les oignons, émincez-les finement et salez-les légèrement. Pelez et écrasez l'ail.

Dans une cocotte, faites chauffer 10 cl d'huile d'olive, ajoutez les oignons, l'ail et le bouquet garni. Mélangez bien, couvrez la cocotte et laissez cuire les oignons 20 min à feu doux, sans qu'ils prennent couleur, en remuant de temps en temps. Ils doivent être fondants.

Préchauffez le four à 220 °C (th. 7-8). Étalez la pâte sur le plan de travail fariné en un disque d'une épaisseur de 1,5 cm environ. Déposez le disque sur une plaque de cuisson farinée, puis piquez la pâte avec une fourchette.

Retirez le bouquet garni de la cocotte et étalez la fondue d'oignon sur la pâte. Disposez ensuite les olives et les anchois (si vous utilisez du pissalat, étalez-le sur les oignons). Arrosez avec le reste d'huile. Enfournez pour 15 à 20 min.

Sortez la pissaladière du four et poivrez-la. Servez-la chaude ou tiède.

{ Tarte à la tomate et crème de thon

Préparation : 10 min **Cuisson :** 20 min

INGRÉDIENTS

- 1 pâte feuilletée préétalée
- 2 boîtes de thon à l'huile d'olive
- 8 filets d'anchois
- 1 gousse d'ail
- 1 cuill. à soupe de vinaigre de Xères
- 3 grosses tomates cœur-de-bœuf
- 1 petite poignée de salade mélangée
- 1 cuill. à soupe de câpres au vinaigre
- sel et poivre

POUR 4 À 6 PERSONNES

Préchauffez le four à 200 °C (th. 6-7). Déroulez la pâte et piquez-la avec une fourchette. Déposez-la sur une plaque de cuisson et recouvrez-la de papier sulfurisé. Superposez une deuxième plaque de cuisson ou un moule à tarte lesté d'un poids et enfournez pour 15 minutes. Au bout de ce temps, retirez la plaque ou le moule qui recouvre la pâte et poursuivez la cuisson jusqu'à ce que le feuilletage soit bien doré. Laissez refroidir sur une grille.

Mixez ensemble le thon à l'huile émietté, les filets d'anchois, la gousse d'ail pelée et le vinaigre de Xères. Goûtez puis rectifiez l'assaisonnement, si nécessaire. Vous devez obtenir une crème bien fine et homogène.

Tartinez le fond de tarte avec cette crème de thon. Découpez les tomates en rondelles et déposez celles-ci sur la crème de thon. Décorez avec la salade mélangée et parsemez de câpres.

{ Quiche au saumon, à la truite et aux asperges

Préparation : 20 min **Cuisson :** 40 min environ

INGRÉDIENTS

- 230 g de pâte brisée préétalée ou maison
- 400 g d'asperges vertes
- 1 filet de saumon d'environ 150 g
- 100 g de truite fumée
- 3 œufs
- 25 cl de crème liquide
- 1 cuill. à soupe de moutarde
- sel et poivre

POUR 6 PERSONNES

Grattez les asperges, coupez-en la base et rincez-les. Portez une grande quantité d'eau salée à ébullition dans une casserole et plongez-y les asperges. Faites cuire pendant 8 min, puis égouttez. Laissez tiédir, puis recoupez les asperges en deux ou en trois.

Détaillez les filets de saumon et la truite fumée en lanières.

Préchauffez le four à 180 °C (th. 6). Garnissez de pâte brisée un moule à tarte de 28 cm de diamètre, préalablement recouvert de papier sulfurisé. Piquez le fond avec une fourchette et disposez les morceaux d'asperge dessus. Recouvrez par les lanières de saumon et de truite.

Battez les œufs avec la crème et la moutarde. Salez, poivrez et mélangez, puis versez sur les asperges et le poisson. Enfournez pour 30 à 35 min. Servez chaud ou tiède.

{ Tourte à la truite et à l'oseille

Préparation : 20 min **Cuisson :** 1 h environ

POUR 6 PERSONNES

Lavez les feuilles d'oseille et égouttez-les. Équeutez-les et faites-les cuire dans un peu d'eau bouillante salée pendant 8 min. Égouttez-les, attendez qu'elles refroidissent et essorez-les entre vos mains, afin d'éliminer le plus d'eau possible. Hachez-les grossièrement.

Faites cuire les filets de truite 5 min dans de l'eau bouillante salée. Émiettez-les à la fourchette.

Préchauffez le four à 200 °C (th. 6-7). Préparez une béchamel. Dans une casserole, faites fondre le beurre. Saupoudrez de farine et mélangez pendant 3 min. Versez la crème et le lait sans cesser de mélanger, jusqu'à épaississement. Salez, poivrez et ajoutez la muscade. Laissez tiédir. Hors du feu, ajoutez 3 œufs battus.

Garnissez de pâte un moule à tarte huilé de 26 cm de diamètre. Étalez dessus l'oseille hachée et le poisson, puis versez la préparation aux œufs.

Recouvrez l'ensemble avec l'autre morceau de pâte. Soudez bien les bords et formez une petite cheminée au centre. À l'aide d'une fourchette, dessinez des motifs géométriques sur le dessus de la tourte. Badigeonnez d'œuf battu et enfournez pour 35 min. Servez chaud.

INGRÉDIENTS

- 500 g de pâte feuilletée préétalée (2 rouleaux de pâte à dérouler)
- 300 g d'oseille
- 300 g de filets de truite sans la peau
- 1 sachet de court-bouillon déshydraté (facultatif)
- 30 g de beurre
- 1 cuill. à soupe de farine
- 20 cl de crème liquide
- 20 cl de lait
- 1 pincée de noix de muscade
- 4 œufs
- sel et poivre

Tatin au saumon et aux épinards

Préparation : 20 min **Cuisson :** 35 min environ

INGRÉDIENTS

- 250 g de pâte brisée préétalée ou maison
- 500 g d'épinards frais
- 1 pavé de saumon de 200 g environ
- 3 œufs
- 1 pincée de cumin en poudre
- sel et poivre

ASTUCE

Vous pouvez ajouter à la garniture 1 ou 2 cuill. à soupe de coriandre ciselée.

POUR 6 PERSONNES

Lavez les épinards et égouttez-les. Équeutez-les et faites-les cuire dans un peu d'eau bouillante salée pendant 8 min. Égouttez-les, attendez qu'ils refroidissent et essorez-les entre vos mains, afin d'éliminer l'eau au maximum. Hachez-les grossièrement.

Faites cuire le pavé de saumon 5 min dans de l'eau bouillante salée (ou pendant 4 ou 5 min au four à micro-ondes réglé sur la puissance maximale). Coupez-le en cubes de 1 cm de côté environ.

Préchauffez le four à 200 °C (th. 6-7). Dans un saladier, mélangez les œufs, les épinards, les morceaux de saumon et le cumin. Salez et poivrez. Mélangez encore.

Versez la préparation aux épinards dans un moule à manqué de 26 cm de diamètre, préalablement huilé. Recouvrez le tout avec la pâte brisée en rabattant bien les bords à l'intérieur du moule. Huilez la surface de la pâte et enfournez pour 25 min environ.

À la sortie du four, posez un plat de service sur le moule et retournez le tout. Retirez délicatement le moule. Servez chaud.

Mini-tourtes aux fruits de mer

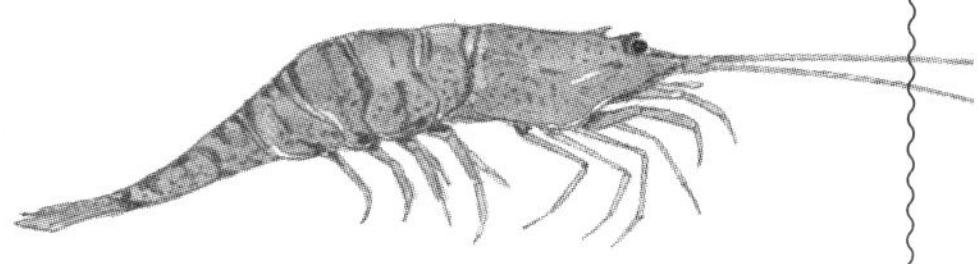

Préparation : 40 min **Cuisson :** 50 min environ

POUR 6 PERSONNES

Coupez 12 disques de pâte de 10 cm de diamètre. Enveloppez-en 6 de film alimentaire et gardez-les au frais. Tapissez 6 moules à tartelette de papier sulfurisé, garnissez-les de pâte. Piquez les fonds et réservez-les au frais.

Rincez les crevettes et les noix de pétoncle, puis essuyez-les. Lavez et émincez les champignons. Faites fondre la moitié du beurre dans une sauteuse, ajoutez l'huile et faites revenir les crevettes et les pétoncles 3 min. Salez et poivrez. Retirez-les de la sauteuse et remplacez-les par les champignons. Poursuivez la cuisson à feu vif environ 5 min en mélangeant régulièrement. Égouttez.

Préchauffez le four à 200 °C (th. 6-7). Dans une casserole, faites fondre le reste de beurre. Saupoudrez de farine et mélangez jusqu'à coloration, puis versez le vin et la crème sans cesser de mélanger. Laissez épaissir 10 min sur feu doux. Incorporez 2 œufs battus, le comté, les crevettes, les noix de pétoncle et les champignons. Versez ce mélange sur les fonds de tartes. Recouvrez des disques de pâte restants. Soudez bien les bords et formez une petite cheminée au centre. Dessinez des motifs sur le dessus, badigeonnez d'œuf battu et enfournez pour 30 min. Servez chaud.

INGRÉDIENTS

- 500 g de pâte feuilletée préétalée (2 rouleaux de pâte à dérouler)
- 600 g de noix de pétoncle
- 400 g de petites crevettes cuites décortiquées
- 200 g de champignons de Paris
- 60 g de beurre
- 1 cuill. à soupe d'huile d'olive
- 1 cuill. à soupe de farine
- 10 cl de vin blanc sec
- 10 cl de crème liquide
- 3 œufs
- 100 g de comté râpé
- sel et poivre

Tarte soufflée au crabe et aux crevettes

Préparation : 30 min **Repos :** 1 h **Cuisson :** 30 min environ

INGRÉDIENTS

- 250 g de pâte feuilletée préétalée
- 1 petit bouquet de persil
- 70 g de mimolette vieille
- 3 œufs
- 250 g de fromage blanc
- 5 cl de crème liquide
- 1 cuill. à café de paprika
- 150 g de crevettes cuites décortiquées
- 150 g de crabe (pinces de préférence)
- sel et poivre

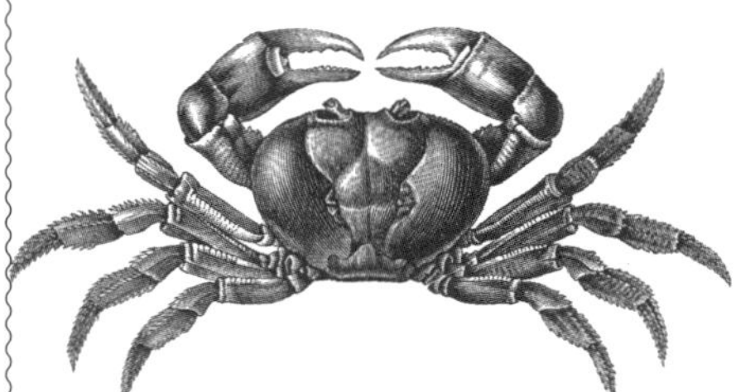

CONSEIL

Pour gagner du temps, vous pouvez utiliser des crevettes surgelées déjà décortiquées.

POUR 6 PERSONNES

Garnissez de pâte un moule à tarte de 28 cm de diamètre, préalablement recouvert de papier sulfurisé. Piquez la pâte avec une fourchette et mettez-la au réfrigérateur pendant la préparation de la suite de la recette.

Préparez la garniture. Rincez et ciselez le persil. À l'aide d'un couteau éplucheur, détaillez la mimolette en copeaux.

Cassez les œufs en séparant les blancs des jaunes. Placez les jaunes dans un saladier et battez-les avec le fromage blanc et la crème. Ajoutez le persil, le paprika, salez, poivrez et mélangez. Incorporez la mimolette.

Préchauffez le four à 180 °C (th. 6). Montez les blancs d'œufs en neige, puis incorporez-les délicatement à la préparation précédente.

Répartissez les crevettes et le crabe sur le fond de pâte. Étalez la garniture au fromage blanc par-dessus, puis enfournez pour 30 min environ. Servez aussitôt.

Quiche aux noix de saint-jacques

Préparation : 30 min **Cuisson :** 55 min environ

INGRÉDIENTS

- 250 g de pâte brisée préétalée ou maison
- 3 endives
- 18 noix de saint-jacques
- 30 g de beurre
- 1 cuill. à soupe d'huile d'olive
- 4 œufs
- 20 cl de crème liquide
- 20 cl de lait
- 1 pincée de noix de muscade
- 100 g de gouda ou d'emmental râpé
- sel et poivre

POUR 6 PERSONNES

Retirez la base des endives, lavez les feuilles et essuyez-les bien. Émincez-les finement.

Rincez les noix de saint-jacques et essuyez-les dans du papier absorbant.

Préchauffez le four à 200 °C (th. 6-7). Faites fondre le beurre dans une poêle avec 1 cuillerée à soupe d'huile et faites-y dorer les noix de saint-jacques pendant 3 min de chaque côté. Retirez-les. Remplacez-les dans la poêle par les endives. Laissez suer ces dernières à feu doux pendant 10 min. Égouttez-les.

Battez les œufs dans un saladier avec la crème et le lait. Salez, poivrez et ajoutez la muscade.

Garnissez de pâte brisée un moule à manqué de 26 cm de diamètre, préalablement recouvert de papier sulfurisé. Disposez sur la pâte les endives et les noix de saint-jacques. Salez et poivrez. Versez dessus le mélange aux œufs et parsemez la quiche de gouda. Enfournez pour 40 min environ. Servez chaud.

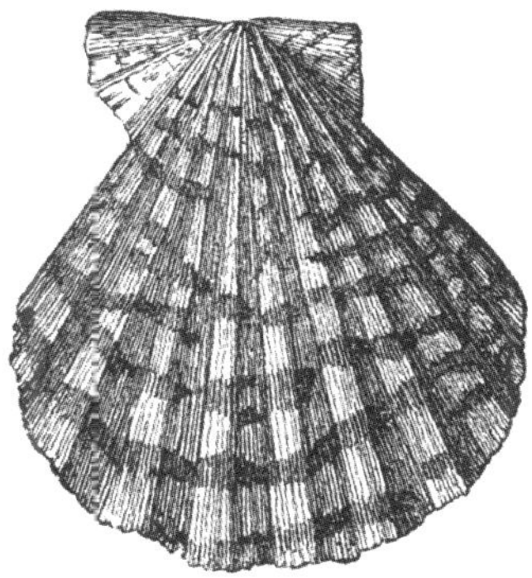

Tarte aux pommes flambées au whisky

Préparation : 30 min **Cuisson :** 35 min environ

INGRÉDIENTS

350 g de pâte brisée prête à étaler ou maison
40 g de beurre
1 kg de pommes reinettes
150 g de sucre cristallisé ou de sucre roux
2 cuill. à café de cannelle
12 cl de whisky

POUR 6 PERSONNES

Préchauffez le four à 200 °C (th. 8). Étalez la pâte sur une épaisseur de 3 mm environ. Garnissez-en un moule beurré de 26 cm de diamètre. Faites cuire à blanc : piquez la pâte avec une fourchette, recouvrez de papier sulfurisé et de haricots secs, puis enfournez pour 10 min. Retirez les légumes et le papier et refaites cuire la pâte pour 3 à 5 min de plus.

Pendant ce temps, pelez les pommes et coupez-les en huit. Faites fondre le beurre dans une poêle et mettez-les à dorer.

Ajoutez 125 g de sucre, saupoudrez de 1 cuillerée à café de cannelle et ajoutez 2 cuillerées à soupe de whisky. Mélangez délicatement, couvrez et laissez cuire doucement pendant 10 min.

Étalez la garniture aux pommes sur le fond de pâte précuit. Mélangez le reste du sucre et de la cannelle dans un bol et saupoudrez-en la tarte. Gardez au chaud.

Faites chauffer le reste du whisky dans une petite casserole, versez-le sur les pommes et faites flamber. Servez aussitôt.

{ Tatin aux pommes

Préparation : 40 min **Repos :** 30 min **Cuisson :** 30 min environ

POUR 6 PERSONNES

Pelez les pommes et coupez-les en tranches épaisses. Détaillez 75 g de beurre en morceaux.

Beurrez largement un moule à tarte de 22 cm de diamètre. Saupoudrez le fond de 75 g de sucre. Disposez-y les tranches de pomme et versez le reste de sucre en pluie. Répartissez les noisettes de beurre par-dessus.

Préchauffez le four à 180 °C (th. 6). Travaillez la pâte brisée de la paume de la main puis étalez-la sur 4 mm d'épaisseur environ. Découpez un disque de pâte d'un diamètre supérieur de 4 cm à celui du moule. Recouvrez le dessus des pommes avec le disque de pâte en rabattant bien les bords à l'intérieur du moule.

Faites caraméliser la tarte en posant le moule directement sur le feu. Laissez chauffer environ 3 min à feu vif puis enfournez pour 30 min.

À la sortie du four, posez un plat de service sur le moule et retournez le tout. Retirez délicatement le moule. Laissez un peu tiédir. Juste au moment de servir, versez la crème sur la tarte ou servez-la à part.

INGRÉDIENTS

- 250 g de pâte brisée préétalée ou maison
- 500 g de pommes à chair ferme
- 95 g de beurre
- 150 g de sucre en poudre
- 150 g de crème liquide

CONSEIL

Vous pouvez aussi servir la tarte Tatin accompagnée d'une boule de glace à la vanille.

{ Apple pie

Préparation : 30 min **Cuisson :** 50 min environ

INGRÉDIENTS

500 g de pâte brisée prête à étaler ou 500 g de pâte brisée maison
40 g de farine
30 g de cassonade
1 pincée de vanille en poudre
1/2 cuill. à café de cannelle en poudre
1 pincée de noix de muscade
800 g de pommes reinettes
1 citron
1 œuf battu

VARIANTE

Si l'apple pie est le plus classique des pies britanniques, on en prépare aussi aux poires, aux prunes, aux baies, à la tomate verte, à la citrouille. Il est courant de mélanger plusieurs fruits (pommes et mûres, fraises et framboises, pommes et poires...).

POUR 6 À 8 PERSONNES

Divisez la pâte brisée en deux pâtons inégaux, l'un de 300 g, l'autre de 200 g environ. Étalez-les sur une épaisseur de 3 mm. Disposez le plus grand pâton dans un moule à tarte en porcelaine de 22 cm de diamètre, préalablement beurré.

Dans un saladier, mélangez la farine, la cassonade, la vanille, la cannelle et la noix muscade. Répartissez la moitié de ce mélange dans le moule.

Préchauffez le four à 200 °C (th. 6-7). Pelez les pommes, coupez-les en quartiers, puis en fines tranches. Disposez-les en couronne dans le moule en formant un dôme au centre. Arrosez de jus de citron, puis saupoudrez du reste du mélange farine-cassonade aux épices.

Recouvrez l'ensemble avec l'autre disque de pâte. Battez l'œuf, enduisez les bords et soudez bien. Formez une petite cheminée au centre et dorez le couvercle à l'œuf. Enfournez pour 10 min. Sortez le moule du four. Badigeonnez à nouveau la pâte d'œuf battu et poursuivez la cuisson pendant encore 40 min. Servez cette pie nature et encore tiède avec de la crème fraîche, un coulis de mûre ou même d'une boule de glace à la vanille.

{ Flan parisien

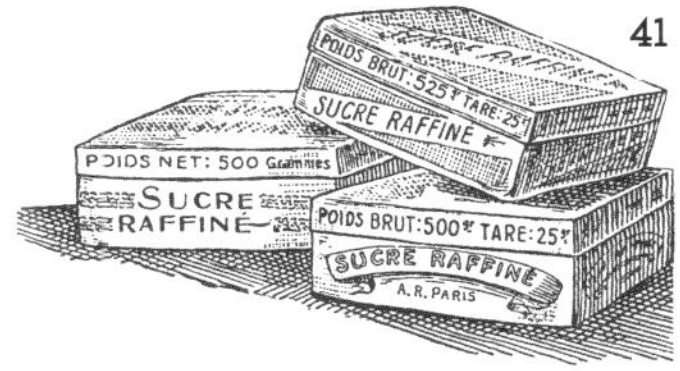

Préparation : 30 min **Repos** : 1 h **Cuisson :** 1 h 15 environ **Réfrigération** : 3 h

POUR 6 À 8 PERSONNES

Étalez la pâte brisée sur 2 mm d'épaisseur. Découpez un disque de 30 cm de diamètre et placez-le sur une plaque de cuisson. Mettez celle-ci au réfrigérateur pendant 30 min.

Beurrez un moule à tarte de 22 cm de diamètre et 3 cm de hauteur. Garnissez-le avec le disque de pâte et remettez au réfrigérateur pendant 30 min.

Préchauffez le four à 190 °C (th. 6-7). Faites chauffer le lait et l'eau dans une casserole.

Dans une autre casserole, fouettez les œufs, le sucre et la poudre à flan et versez-en un mince filet dans l'eau et le lait bouillants, sans cesser de tourner avec un fouet. Attendez la reprise de l'ébullition et retirez alors la casserole du feu.

Versez la préparation sur le fond de pâte et enfournez pour 1 h. Laissez refroidir complètement le flan avant de le mettre au réfrigérateur pendant 3 h. Servez très frais.

INGRÉDIENTS

- 250 g de pâte brisée prête à étaler ou maison
- 40 cl de lait
- 37 cl d'eau
- 4 œufs
- 210 g de sucre en poudre
- 60 g de poudre à flan

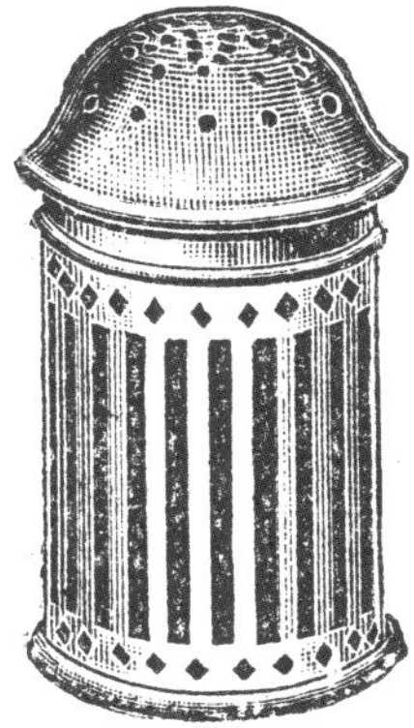

Tarte aux fraises et au basilic

Préparation : 20 min **Cuisson :** 35 min

INGRÉDIENTS

250 g de pâte sablée préétalée ou maison
3 brins de basilic
25 cl de lait
1 œuf
50 g de sucre en poudre
30 g de farine
300 g de fraises

VARIANTE

Vous pouvez remplacer le basilic par de la menthe fraîche ciselée.

POUR 6 PERSONNES

Préchauffez le four à 180 °C (th. 6). Garnissez de pâte sablée un moule à tarte de 28 cm de diamètre, préalablement recouvert de papier sulfurisé. Enfournez pour 25 min, puis retirez du four.

Rincez le basilic, essuyez-le et ciselez-le. Mettez-le avec le lait dans une casserole et portez à ébullition.

Dans un saladier, fouettez l'œuf et le sucre pendant 2 min. Versez la farine et fouettez encore jusqu'à obtenir un mélange homogène. Filtrez le lait bouillant et versez-le dans le saladier, sans cesser de mélanger. Mixez la préparation si des grumeaux subsistent.

Remettez le mélange à chauffer sur feu moyen dans la casserole sans cesser de tourner pendant 5 min environ, jusqu'à épaississement. Retirez du feu et laissez refroidir.

Rincez rapidement les fraises, essuyez-les, équeutez-les et coupez-les en deux. Étalez la crème refroidie sur le fond de pâte et disposez les fraises par-dessus. Servez frais.

{ Tarte aux cerises de Duclair

Préparation : 15 min **Repos :** 30 min
Cuisson : 30 min environ **Réfrigération :** 1 h

POUR 4 À 6 PERSONNES

Préparez la pâte. Travaillez le beurre à la spatule jusqu'à ce qu'il soit onctueux et crémeux. Ajoutez le sel, le sucre, l'œuf et le lait, en remuant. Quand le mélange est bien homogène, incorporez petit à petit la farine sans cesser de remuer. Travaillez la pâte le moins longtemps possible. Dès qu'elle forme une boule, enveloppez-la de film alimentaire et laissez reposer au moins 30 min au frais.

Rincez les cerises, équeutez-les et séchez-les bien. Dénoyautez-les. Faites fondre le beurre dans une grande poêle avec 50 g de sucre, remuez bien et ajoutez les cerises. Roulez les fruits dans le mélange, laissez à feu vif 5 min en secouant bien la poêle, puis ajoutez le calvados et 50 g de sucre. Faites cuire à feu très doux 15 min environ, jusqu'à ce que l'ensemble caramélise légèrement.

Préchauffez le four à 200 °C (th. 6-7). Étalez la pâte et garnissez-en un moule à tarte beurré de 24 cm de diamètre. Faites cuire 20 min à blanc.

Battez le fromage blanc avec le reste de sucre et fouettez la crème en chantilly. Incorporez-la délicatement au fromage. Étalez cette crème sur le fond de pâte et mettez 1 h au frais. Disposez les cerises sur la crème et gardez au frais jusqu'au moment de servir.

INGRÉDIENTS

- 1 kg de cerises
- 40 g de beurre
- 200 g de sucre en poudre
- 10 cl de calvados
- 200 g de fromage blanc
- 20 cl de crème liquide

POUR LA PÂTE BRISÉE

- 150 g de beurre mou
- 1/4 de cuill. à café de sel
- 1 cuill. à café de sucre en poudre
- 1 œuf
- 1 cuill. à soupe de lait
- 170 g de farine

CONSEIL

Pour obtenir une belle découpe, ajoutez un peu de gélatine au fromage blanc pour que la garniture soit un peu plus ferme. Faites tremper 1 ou 2 feuilles dans de l'eau froide, égouttez-les puis faites-les fondre dans 2 cuill. à soupe de fromage blanc chauffé. Incorporez la gélatine à la crème au fromage et terminez la tarte de la même façon.

{ Tarte tropézienne

Préparation : 45 min **Repos de la pâte :** 3 h **Cuisson :** 40 min

INGRÉDIENTS

POUR LA PÂTE À BRIOCHE

- 1 sachet de levure
- 2 cuill. à soupe de lait tiède
- 200 g de farine
- 3 œufs
- 25 g de sucre en poudre
- 70 g de beurre mou
- 30 g de sucre cristallisé
- 1 pincée de sel

POUR LA CRÈME PÂTISSIÈRE

- 50 cl de lait
- 1 gousse de vanille
- 3 jaunes d'œufs
- 75 g de sucre en poudre
- 60 g de farine

POUR LA CRÈME AU BEURRE

- 1 jaune d'œuf
- 1 cuill. à café d'eau
- 25 g de sucre en poudre
- 125 g de beurre très mou

POUR 6 PERSONNES

Préparez la pâte à brioche. Délayez la levure dans le lait tiédi, puis mélangez-la avec 50 g de farine. Laissez reposer ce levain 1 h dans un endroit tiède. Tamisez le reste de farine, creusez un puits au centre et mettez-y 2 œufs battus, le sucre en poudre, le beurre coupé en petits morceaux et le sel. Travaillez bien la pâte à la main, puis incorporez-y le levain. Pétrissez l'ensemble pendant 10 à 15 min, formez une boule et laissez-la reposer dans un endroit tiède pendant 2 h au moins.

Préchauffez le four à 180 °C (th. 6).

Étalez la pâte et garnissez-en un moule à tarte beurré de 28 cm de diamètre. Battez le dernier œuf et badigeonnez-en la pâte à l'aide d'un pinceau. Saupoudrez de sucre et enfournez pour 30 min.

Préparez la crème pâtissière. Versez le lait dans une casserole et ajoutez la gousse de vanille fendue en deux et grattée. Portez à ébullition et retirez du feu. Laissez tiédir en laissant la gousse dans le lait. Pendant ce temps, fouettez les jaunes avec le sucre dans un saladier pendant 2 min. Versez la farine et fouettez encore jusqu'à obtenir un mélange homogène.

Retirez la gousse de vanille et versez le lait dans le saladier, sans cesser de mélanger. Si des grumeaux subsistent, mixez la préparation. Remettez le mélange dans la casserole et laissez épaissir à feu moyen pendant 5 min environ, sans cesser de tourner. Retirez du feu et laissez refroidir.

Préparez la crème au beurre. Fouettez le jaune d'œuf. Mettez le sucre et l'eau dans une petite casserole et portez à ébullition. Versez aussitôt ce sirop sur le jaune d'œuf sans cesser de fouetter, puis incorporez peu à peu le beurre en morceaux. Mélangez quelques minutes.

Incorporez progressivement la crème pâtissière à la crème au beurre.

Démoulez la brioche et découpez-la en deux dans d'épaisseur. Garnissez le disque inférieur de crème et recouvrez-le avec l'autre disque. Servez froid.

ASTUCE

Achetez une pâte à brioche toute prête chez le boulanger, si vous manquez de temps ou pour simplifier la recette.

NOTE

La tarte tropézienne est une recette dérivée de la tarte lorraine. C'est une spécialité de Saint-Tropez. Le disque en pâte briochée est cuit, puis fourré d'une crème mousseline qui peut être relevée de kirsch et de fleur d'oranger.

{ Tarte au café

Préparation : 15 min **Cuisson :** 30 min environ

INGRÉDIENTS

250 g de pâte feuilletée préétalée ou maison
2 cuill. à soupe de café soluble
100 g de sucre en poudre
200 g d'amandes en poudre
4 jaunes d'œufs

POUR 6 PERSONNES

Préchauffez le four à 180 °C (th. 6).

Garnissez de pâte feuilletée un moule à tarte de 28 cm de diamètre, préalablement recouvert de papier sulfurisé. Piquez le fond de tarte à l'aide d'une fourchette.

Faites chauffer le café soluble à feu doux avec 2 cuillerées à soupe d'eau dans une petite casserole. Lorsqu'il est dissous, ajoutez le sucre en poudre et portez à ébullition pendant 3 min, jusqu'à ce que vous obteniez un sirop. Retirez la casserole du feu et laissez tiédir.

Versez le sirop obtenu dans un saladier, puis ajoutez les amandes en poudre et les jaunes d'œufs. Mélangez bien à l'aide d'un fouet, puis versez cette préparation sur le fond de pâte. Enfournez et laissez cuire pendant 25 min environ. Servez la tarte au café tiède ou froide.

{ Tarte aux deux chocolats

Préparation : 15 min **Cuisson :** 30 min environ **Réfrigération :** 4 h minimum

POUR 6 PERSONNES

Préchauffez le four à 180 °C (th. 6). Garnissez de pâte sablée un moule à tarte de 28 cm de diamètre, préalablement recouvert de papier sulfurisé. Enfournez pour 20 min environ.

Coupez le beurre en morceaux. Cassez le chocolat blanc en morceaux et faites-le fondre dans une casserole au bain-marie avec la moitié de la crème liquide. Lorsque la préparation est bien homogène, retirez-la du feu et incorporez 2 jaunes d'œufs ainsi que la moitié du beurre.

Cassez le chocolat noir en morceaux et faites fondre ceux-ci dans une autre casserole au bain-marie avec le reste de la crème liquide. Lorsque la préparation est bien homogène, retirez-la du feu et incorporez les 2 jaunes d'œufs et le beurre restants.

Versez les deux préparations en même temps sur le fond de pâte précuit et étalez-les bien à l'aide d'une spatule en prenant soin de les mélanger juste assez pour créer un effet marbré. Glissez la tarte au réfrigérateur pour 4 h au moins, afin de laisser les préparations au chocolat durcir. Servez bien froid.

INGRÉDIENTS

- 250 g de pâte sablée préétalée ou maison
- 50 g de beurre mou
- 225 g de chocolat blanc pâtissier
- 30 cl de crème liquide
- 4 jaunes d'œufs
- 225 g de chocolat noir pâtissier

{ Tarte aux myrtilles

Préparation : 20 min **Cuisson :** 35 min environ

INGRÉDIENTS

250 g de pâte brisée préétalée ou maison

500 g de myrtilles fraîches (ou surgelées)

2 cuill. à soupe de chapelure fine

2 œufs

10 cl de crème liquide

30 g de sucre glace

À SAVOIR

Au Québec, la myrtille porte le nom de bleuet. La tarte aux bleuets traditionnelle ne comporte pas de garniture à base d'œuf. On fait cuire simplement la pâte avec les fruits pendant 30 min environ, puis on la décore avec des noisettes de chantilly.

POUR 6 PERSONNES

Préchauffez le four à 190 °C (th. 6-7). Rincez rapidement les myrtilles sans les laisser tremper puis séchez-les délicatement dans du papier absorbant.

Garnissez de pâte brisée un moule à tarte préalablement beurré de 26 cm de diamètre. Piquez le fond avec une fourchette. Saupoudrez le fond de pâte de chapelure puis étalez les myrtilles dessus Enfournez pour 20 min.

Cassez les œufs dans un saladier, ajoutez la crème liquide et fouettez pour obtenir un mélange bien lisse et homogène.

Sortez le moule du four, versez cette préparation sur les fruits et remettez à cuire 15 min environ, jusqu'à ce que la pâte prenne une belle couleur dorée. Une fois la tarte cuite, saupoudrez-la de sucre glace et laissez tiédir avant de démouler. Servez tiède ou froid.

{ Tarte au citron meringuée

Préparation : 35 min **Cuisson** : 40 min environ

INGRÉDIENTS

POUR 6 PERSONNES

- 250 g de pâte sablée préétalée ou maison
- 3 citrons jaunes non traités
- 50 g de beurre
- 1 cuill. à soupe de fécule de maïs
- 4 œufs
- 200 g de sucre en poudre

POUR LA MERINGUE

- 4 blancs d'œufs
- 100 g de sucre glace

Garnissez de pâte un moule de 26 cm de diamètre garni de papier sulfurisé. Râpez finement le zeste des citrons. Pressez les fruits. Faites fondre doucement le beurre dans une petite casserole. Délayez la fécule dans 1 cuill. à soupe d'eau.

Préchauffez le four à 200 °C (th. 6-7). Cassez les œufs dans un saladier, ajoutez le sucre et fouettez énergiquement jusqu'à ce que le mélange blanchisse. Incorporez la fécule, le beurre, le jus et le zeste des citrons, puis mélangez.

Versez cette crème sur le fond de pâte, enfournez pour 35 à 40 min, jusqu'à ce que les bords de la pâte soient dorés et que la crème soit figée. Sortez la tarte du four et laissez-la refroidir.

Préparez la meringue. Montez les blancs d'œufs en neige ferme, puis incorporez le sucre au dernier moment, en soulevant délicatement les blancs pour ne pas les briser.

Allumez le gril du four. Étalez la meringue sur la tarte en lissant la surface à la spatule. Dessinez un décor avec une fourchette. Enfournez 2 ou 3 min, jusqu'à obtenir une belle coloration. Sortez la tarte du four, démoulez-la aussitôt et laissez-la refroidir sur une grille. Servez froid.

Tarte au sucre des Flandres

Préparation : 20 min **Repos :** 2 h **Cuisson :** 35 à 40 min environ

INGRÉDIENTS

POUR LA PÂTE
- 100 g de beurre mou
- 1 pincée de sel
- 250 g de farine
- 2 œufs
- 15 g de levure de boulanger
- 10 cl de lait

POUR LA GARNITURE
- 150 g de vergeoise blonde
- 50 g de beurre mou
- 20 cl de crème liquide

À SAVOIR

Cette tarte est sans aucun doute la plus populaire de toutes celles que l'on fait dans le Nord. Vous pouvez remplacer la vergeoise blonde par de la cassonade ou de la vergeoise brune, au goût plus prononcé, et mettre un peu de vanille ou de cannelle dans la crème.

POUR 6 PERSONNES

Préparez la pâte. Coupez le beurre en morceaux. Tamisez la farine dans un saladier, creusez un puits au centre et mettez-y le sel, le beurre, les œufs et la levure délayée dans le lait tiède. Mélangez et travaillez la pâte jusqu'à ce qu'elle soit bien homogène. Formez une boule, recouvrez d'un linge et laissez reposer 1 h à température ambiante.

Étalez la pâte en un disque de 25 cm de diamètre et déposez-la sur une plaque recouverte de papier sulfurisé. Du bout des doigts, faites-y des petits creux. Laissez reposer à nouveau pendant 1 h.

Préchauffez le four à 180 °C (th. 6). Saupoudrez le fond de pâte de vergeoise et répartissez le beurre détaillé en noisettes dessus. Enfournez pour 30 min.

Sortez la tarte du four et nappez-la de crème liquide. Remettez-la à cuire pendant 6 à 8 min. Servez tiède.

{ Tourte au sucre et à la crème

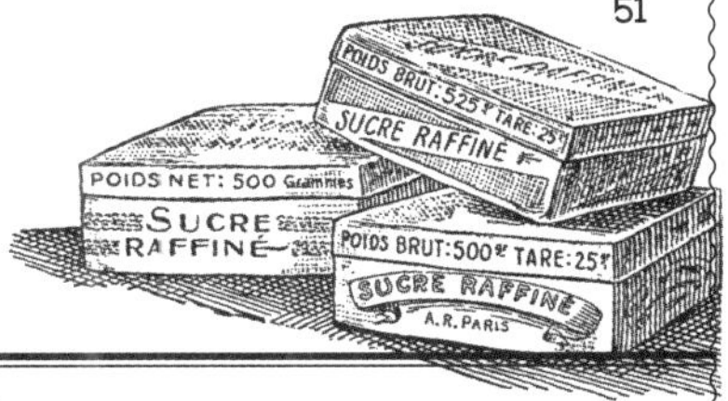

Préparation : 25 min **Repos :** 30 min **Cuisson :** 30 min environ

POUR 6 PERSONNES

Préparez la garniture. Mélangez 400 g de cassonade avec la crème liquide dans une casserole et portez à ébullition. Mélangez la farine avec le reste de cassonade et la fécule de maïs. Versez sur le premier mélange, dès qu'il commence à bouillir, en remuant doucement, puis laissez mijoter pendant 2 min. Incorporez le beurre et laissez refroidir.

Préparez la pâte brisée. Coupez le beurre en morceaux. Tamisez la farine dans un saladier, creusez un puits au centre et mettez-y le sel et les morceaux de beurre. Travaillez du bout des doigts. Ajoutez l'eau et mélangez. Laissez reposer au frais 30 min.

Préchauffez le four à 180 °C (th. 6). Étalez la pâte en deux disques. Garnissez un moule à tarte beurré de 28 cm de diamètre avec un disque de pâte. Versez dessus la garniture et recouvrez avec l'autre morceau de pâte. Soudez bien les bords et formez une petite cheminée au centre. Battez l'œuf et badigeonnez-en la surface de la tourte à l'aide d'un pinceau. Enfournez pour 30 min environ. Laissez bien refroidir avant de servir.

INGRÉDIENTS

POUR LA GARNITURE
- 600 g de cassonade
- 50 cl de crème liquide
- 40 g de farine
- 45 g de fécule de maïs
- 25 g de beurre
- 1 œuf

POUR LA PÂTE BRISÉE
- 125 g de beurre mou
- 250 g de farine
- 1 pincée de sel
- 10 cl d'eau

Tarte aux kiwis et aux poires

Préparation : 30 min **Cuisson :** 30 min environ

INGRÉDIENTS

250 g de pâte brisée préétalée ou maison

2 poires au sirop

2 cuill. à soupe d'alcool de poire Williams

30 cl de lait

3 jaunes d'œufs

80 g de sucre en poudre

30 g de farine

10 cl de crème liquide bien froide

6 kiwis

1 cuill. à soupe de vanille liquide

50 g de framboises fraîches (facultatif)

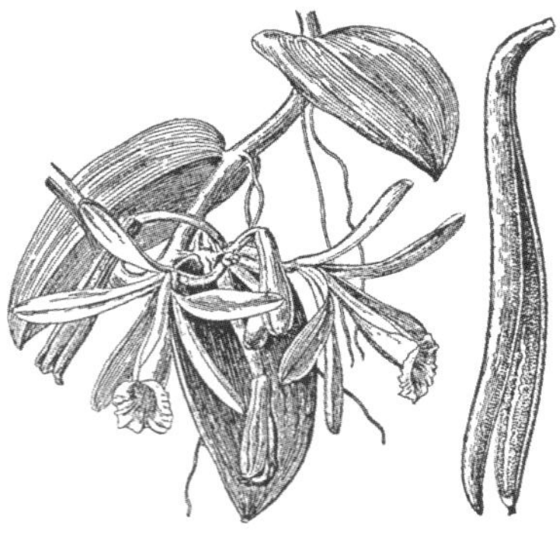

POUR 6 PERSONNES

Préchauffez le four à 180 °C (th. 6). Garnissez de pâte brisée un moule à tarte beurré de 24 cm de diamètre. Piquez le fond avec une fourchette. Faites cuire à blanc : recouvrez de papier sulfurisé et de haricots secs, puis enfournez pour 10 min. Retirez les légumes secs et le papier et remettez au four 5 min, jusqu'à ce que la pâte soit dorée. Laissez-la tiédir puis démoulez-la sur un plat de service.

Égouttez les poires en réservant le sirop. Coupez les fruits en petits dés et arrosez-les d'alcool.

Portez le lait à ébullition. Battez les jaunes d'œufs avec le sucre jusqu'à ce qu'ils blanchissent, puis incorporez la farine et versez peu à peu le lait. Dans une casserole, faites chauffer cette préparation en remuant, pour la faire épaissir jusqu'à ce qu'elle nappe la spatule. Laissez-la refroidir en la remuant souvent.

Pelez et coupez les kiwis en rondelles. Montez la crème liquide en chantilly. Incorporez dans la casserole les dés de poire avec l'alcool, la vanille puis la chantilly. Garnissez le fond de pâte de cette préparation, puis des rondelles de kiwis disposées en cercles concentriques. Badigeonnez-les du sirop de poire et décorez éventuellement de framboises. Servez frais.

{ Tarte Bourdaloue

Préparation : 30 min **Cuisson :** 30

POUR 4 À 6 PERSONNES

Coupez le beurre en morceaux et laissez-le ramollir à température ambiante : il doit être souple pour préparer la crème frangipane.

Égouttez les demi-poires au sirop, puis coupez-les en lamelles.

Préchauffez le four à 190 °C (th. 6-7). Préparez la crème frangipane. Cassez l'œuf dans un saladier, ajoutez les morceaux de beurre, le sucre et fouettez à la main pour obtenir une crème lisse. Incorporez les amandes en poudre et mélangez à nouveau.

Garnissez de pâte un moule à tarte de 22 cm de diamètre, préalablement recouvert de papier sulfurisé. Versez la crème frangipane sur la pâte et étalez-la bien à l'aide d'une spatule. Disposez les lamelles de poire en couronne par-dessus. Enfournez et laissez cuire pendant 30 min, jusqu'à ce que la frangipane soit prise et que les poires soient dorées.

Laissez tiédir avant de démouler. Servez froid.

INGRÉDIENTS

250 g de pâte brisée préétalée ou maison

10 à 12 demi-poires au sirop (selon la taille)

POUR LA CRÈME FRANGIPANE

60 g de beurre mou

1 petit œuf

60 g de sucre en poudre

80 g d'amandes en poudre

CONSEIL

Pour que la crème frangipane soit réussie, il est important de bien laisser ramollir le beurre à température ambiante avant de l'incorporer.

{ Tarte aux quetsches

Préparation : 15 min **Repos :** 2 h **Cuisson :** 25 à 30 min

INGRÉDIENTS

6 biscuits à la cuillère ou 150 g de génoise
1,2 kg de quetsches
100 g de sucre en poudre
1 cuill. à café de cannelle en poudre

POUR LA PÂTE BRISÉE

150 g de beurre mou
1 cuill. à café de sucre en poudre
1 œuf
1 cuill. à soupe de lait
170 g de farine
1/4 de cuill. à café de sel

POUR 4 PERSONNES

Préparez d'abord la pâte. Divisez le beurre en morceaux dans un saladier et travaillez-le à la spatule jusqu'à ce qu'il ait pris la consistance d'une crème. Ajoutez ensuite le sel, le sucre, l'œuf et le lait en continuant à remuer. Quand le mélange est bien homogène, incorporez petit à petit la farine en travaillant la pâte le moins longtemps possible. Formez une boule, enveloppez-la de film alimentaire et laissez reposer au moins 2 h au réfrigérateur.

Préchauffez le four à 200 °C (th. 6-7). Beurrez un moule à tarte de 28 cm de diamètre. Étalez la pâte sur 3 mm d'épaisseur environ et garnissez-en le moule. Écrasez les biscuits pour les réduire en chapelure ou émiettez finement la génoise : étalez-les en couche régulière dans le moule.

Rincez les quetsches, séchez-les puis coupez-les en deux et dénoyautez-les. Disposez-les en cercles concentriques, bien serrées et la face bombée vers le bas. Enfournez pour 25 à 30 min.

Sortez la tarte du four, posez-la sur une grille et saupoudrez de sucre et de cannelle. Démoulez et laissez refroidir.

{ Tarte aux mirabelles, au miel et au pain d'épices

Préparation : 20 min **Repos :** 1 h **Cuisson :** 30 min

POUR 4 À 6 PERSONNES

Préparez la pâte. Coupez le beurre en morceaux. Versez la farine dans un saladier et ajoutez le sucre, les épices et 1 pincée de sel. Incorporez le beurre, mélangez du bout des doigts et pétrissez. Formez une boule, enveloppez-la de film alimentaire et laissez reposer 1 h environ au réfrigérateur.

Allumez le gril du four et faites légèrement griller le pain d'épices.

Étalez la pâte et garnissez-en un moule à tarte beurré de 24 cm de diamètre environ. Piquez le fond de la pâte avec une fourchette. Parsemez-le de pain d'épices grillé finement émietté.

Préchauffez le four à 180 °C (th. 6). Rincez les mirabelles, séchez-les puis coupez-les en deux et dénoyautez-les. Disposez-les dans le moule, côté bombé en dessous.

Battez l'œuf dans un bol et fouettez-le avec le sucre et le miel. Faites fondre le beurre et ajoutez-le dans le bol. Mélangez bien, puis versez sur les fruits. Enfournez pour 30 min. Servez tiède.

INGRÉDIENTS

POUR LA PÂTE SUCRÉE AU QUATRE-ÉPICES

70 g de beurre mou
130 g de farine
30 g de sucre en poudre
1 pincée de quatre-épices
sel

POUR LA GARNITURE

50 g de pain d'épices
600 g de mirabelles (fraîches ou surgelées)
1 œuf
40 g de sucre en poudre
20 g de miel toutes fleurs
40 g de beurre

Tarte aux pêches et aux amandes

Préparation : 20 min **Cuisson :** 35 min environ

INGRÉDIENTS

- 250 g de pâte feuilletée préétalée
- 4 pêches
- 100 g de beurre mou
- 2 œufs
- 20 cl de crème liquide
- 80 g de cassonade
- 1 sachet de sucre vanillé
- 100 g d'amandes en poudre
- 2 cuill. à soupe d'amandes effilées
- 2 cuill. à soupe de gelée de fruit (de groseille par exemple)

À SAVOIR

La gelée de fruit fondue apporte un joli côté brillant à la tarte.

POUR 6 PERSONNES

Préchauffez le four à 180 °C (th. 6). Garnissez de pâte un moule à tarte de 28 cm de diamètre, préalablement recouvert de papier sulfurisé. Faites cuire à blanc : piquez la pâte avec une fourchette, recouvrez de papier sulfurisé et de haricots secs, puis enfournez 10 min. Retirez les légumes et le papier.

Pelez les pêches, coupez-les en deux et dénoyautez-les.

Coupez le beurre en petits morceaux. Dans un saladier, battez les œufs avec le beurre, la crème, la cassonade, le sucre vanillé et les amandes en poudre. Mélangez jusqu'à obtenir une préparation homogène.

Versez celle-ci sur le fond de pâte précuit. Disposez les moitiés de pêche côté bombé sur le dessus et enfournez pour 25 min environ. Dans une poêle, faites griller les amandes effilées, à sec et à feu vif, pendant 1 ou 2 min. Faites fondre la gelée de fruit à feu doux dans une petite casserole.

Sortez la tarte du four et badigeonnez les pêches de gelée de fruit fondue. Saupoudrez d'amandes effilées et laissez refroidir la tarte avant de servir.

{ Tarte aux abricots parfumée à la lavande

Préparation : 20 min **Cuisson :** 40 min environ

POUR 4 À 6 PERSONNES

Préchauffez le four à 180 °C (th. 6). Garnissez de pâte un moule à tarte de 24 cm de diamètre, préalablement recouvert de papier sulfurisé. Faites cuire à blanc : piquez la pâte avec une fourchette, recouvrez de papier sulfurisé et de haricots secs, puis enfournez 10 min. Retirez les légumes et le papier.

Rincez les abricots, coupez-les en deux et dénoyautez-les.

Faites fondre 30 g de beurre dans une sauteuse, ajoutez le sucre puis les oreillons d'abricot. Parsemez de lavande et laissez cuire doucement pendant 15 min environ, en retournant les fruits délicatement pour les faire cuire des deux côtés.

Émiettez les biscuits à la cuillère sur le fond de pâte précuit. Disposez les abricots côté bombé en dessous puis saupoudrez-les de sucre vanillé. Parsemez de noisettes de beurre. Enfournez pour 20 min environ. Servez tiède.

INGRÉDIENTS

- 230 g de pâte feuilletée préétalée
- 600 g d'abricots
- 50 g de beurre
- 100 g de sucre en poudre
- 3 brins de lavande
- 4 biscuits à la cuillère
- 2 sachets de sucre vanillé

{ Tarte à la rhubarbe et aux pommes

Préparation : 20 min **Cuisson :** 50 min

INGRÉDIENTS

- 250 g de pâte feuilletée préétalée
- 500 g de rhubarbe
- 2 pommes (type golden)
- 2 œufs
- 20 cl de crème liquide
- 100 g de sucre en poudre
- 100 g d'amandes effilées

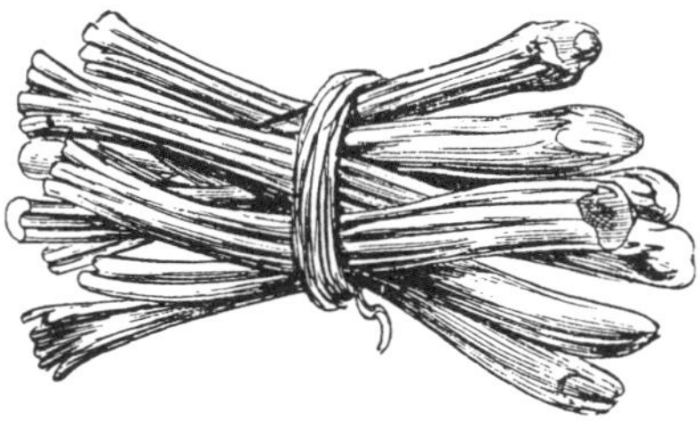

À SAVOIR

Contrairement aux autres fruits, plus la rhubarbe est mûre, plus elle est acide. Attention, les feuilles de rhubarbe sont toxiques.

POUR 6 PERSONNES

Préchauffez le four à 180 °C (th. 6). Garnissez de pâte un moule à tarte de 26 cm de diamètre, préalablement recouvert de papier sulfurisé. Faites cuire à blanc : piquez la pâte avec une fourchette, recouvrez de papier sulfurisé et de haricots secs, puis enfournez 10 min. Retirez les légumes et le papier, badigeonnez d'œuf battu et refaites cuire 5 min.

Lavez la rhubarbe, pelez-la au besoin et coupez-la en tronçons de 1 cm de long. Faites cuire ceux-ci 15 min à feu doux en ajoutant si nécessaire 1 ou 2 cuill. à soupe d'eau. Égouttez-les.

Pelez les pommes, coupez-les en quatre pour retirer les cœurs, puis détaillez-les en fines tranches.

Dans un saladier, mélangez les œufs, la crème liquide et le sucre en poudre.

Déposez les morceaux de rhubarbe et les tranches de pomme sur le fond de pâte précuit. Versez la crème aux œufs dessus et saupoudrez d'amandes effilées et d'un peu de sucre. Enfournez pour 35 min. Servez tiède.

{ Tatin au melon et au miel

Préparation : 20 min **Cuisson :** 40 min environ

POUR 6 PERSONNES

Réchauffez le four à 180 °C (th. 6). Lavez l'orange et prélevez-en le zeste. Hachez-le finement. Coupez le melon en deux, retirez les pépins et prélevez des billes de chair à l'aide d'une cuillère parisienne ou détaillez-la en dés de 5 à 10 mm de côté.

Faites fondre le beurre dans une poêle et faites-y revenir les morceaux de melon, jusqu'à ce qu'ils soient légèrement colorés. Mettez-les dans une passoire.

Rincez la poêle et posez-la à nouveau sur le feu. Versez-y le sucre et 2 cuill. à soupe d'eau. Portez à ébullition jusqu'à obtenir un caramel blond. Ajoutez alors le miel et le zeste d'orange. Ouvrez la gousse de vanille, grattez-la pour récupérer les graines et ajoutez ces dernières au caramel.

Huilez un moule à manqué de 24 cm de diamètre. Versez-y le caramel, puis les morceaux de melon. Recouvrez le tout avec de la pâte en rabattant bien les bords à l'intérieur du moule. Enfournez pour 30 min environ.

À la sortie du four, posez un plat de service sur le moule et retournez le tout. Retirez délicatement le moule. Servez tiède avec une boule de glace à la vanille.

INGRÉDIENTS

- 250 g de pâte brisée préétalée ou maison
- 1 orange non traitée
- 1 melon de 600 à 700 g environ
- 50 g de beurre
- 300 g de sucre en poudre
- 100 g de miel de sapin ou de montagne
- 1 gousse de vanille

Tartelettes à la banane et à la noix de coco

Préparation : 10 min **Cuisson :** 30 min environ

INGRÉDIENTS

- 250 g de pâte sablée préétalée ou maison
- 4 bananes
- 40 g de beurre
- 1 cuill. à café d'extrait de vanille liquide
- 50 g de noix de coco râpée

POUR 4 PERSONNES

Étalez la pâte sablée et découpez quatre disques de 14 cm de diamètre. Garnissez-en quatre moules à tartelette de 13 cm de diamètre, préalablement beurrés. Piquez les fonds avec une fourchette.

Préchauffez le four à 180 °C (th. 6).

Coupez les bananes en rondelles. Faites fondre la moitié du beurre dans une poêle, ajoutez les rondelles de banane et l'extrait de vanille, puis laissez cuire 2 min à feu doux en remuant.

Disposez les rondelles de banane sur les fonds de tarte. Saupoudrez de noix de coco râpée, répartissez dessus quelques noisettes de beurre, puis enfournez et laissez cuire pendant 20 à 25 min. Servez les tartelettes tièdes.

{ Tourte aux noix

Préparation : 20 min **Cuisson :** 45 min environ

POUR 6 À 8 PERSONNES

Préchauffez le four à 180 °C (th. 6).

Concassez les cerneaux de noix avec le rouleau à pâtisserie (mais ne les émiettez pas trop).

Mettez le sucre en poudre dans une casserole avec 2 cuillerées à soupe d'eau et faites-le fondre jusqu'à ce qu'il caramélise et devienne blond. Versez la crème en mélangeant bien, puis remettez à bouillir en ajoutant le miel sans cesser de tourner. Retirez la casserole du feu et incorporez les cerneaux de noix.

Garnissez avec un disque de pâte une tourtière beurrée de 24 cm de diamètre. Versez la préparation aux noix et recouvrez l'ensemble avec l'autre morceau de pâte. Soudez bien les bords et formez une petite cheminée au centre.

Battez l'œuf et badigeonnez-en la surface de la tourte à l'aide d'un pinceau. Avec une fourchette, marquez les bords. Enfournez pour 45 min. Servez bien froid.

INGRÉDIENTS

- 500 g de pâte sablée préétalée (2 rouleaux de pâte à dérouler)
- 150 g de cerneaux de noix
- 150 g de sucre en poudre
- 20 cl de crème liquide
- 1 cuill. à soupe de miel
- 1 œuf

ASTUCE

Vous pouvez utiliser des cerneaux de noix achetés dans le commerce pour gagner du temps, mais, attention, car ils rancissent vite.

Index par ingrédient

L-M

N-O

P-Q

R-S

Table des équivalences France - Canada

Poids

55 g	2 onces	200 g	7 onces	500 g	18 onces
100 g	3 onces	250 g	9 onces	750 g	27 onces
150 g	5 onces	300 g	11 onces	1 kg	36 onces

Ces équivalences permettent de calculer le poids, à quelques grammes près (en réalité, 1 once = 28 g).

Capacités

25 cl	9 onces	75 cl	26 onces
50 cl	17 onces	1 litre	35 onces

Pour faciliter la mesure des capacités, 25 cl équivalent ici à 9 onces (en réalité, 23 cl = 8 onces = 1 tasse).

Direction de la publication :
Isabelle Jeuge-Maynart et Ghislaine Stora

Direction éditoriale :
Agnès Busière

Édition :
Julie Tallet

Conception graphique :
Damien Payet

Mise en page :
Else

Couverture :
Véronique Laporte

Dessins : © Archives Larousse, sauf pour les pages 20, 26, 28, 34, 36, 40 © Mhatzapa/Shutterstock.com.

ISBN : 978-2-03-590059-3

Imprimé en Espagne par Macrolibros, Valladolid
Dépôt légal : mai 2014
314428/02 – 11030089 – novembre 2014